AF628762

IMPRESSUM
Färöer ISLAND Grönland
Inseleinsichten
Wolf Leichsenring

Bibliografische Information der Deutschen Bibliothek
Die Deutsche Bibliothek verzeichnet diese Publikation in der deutschen Nationalbibliografie. Detaillierte bibliografische Daten sind im Internet über portal.dnb.de abrufbar.

© 2020 | 360° medien | Marie-Curie-Straße 31 | 40822 Mettmann
360grad-medien.de

Das Werk ist in allen seinen Teilen urheberrechtlich geschützt. Jede Verwertung außerhalb der engen Grenzen des Urheberrechtsgesetzes ist ohne Zustimmung des Verlags unzulässig. Dies gilt insbesondere für Vervielfältigungen, Übersetzungen, Mikroverfilmungen und die Einspeicherung sowie Verarbeitung in elektronischen Systemen.

Der Inhalt des Werkes wurde sorgfältig recherchiert, ist jedoch teilweise der Subjektivität unterworfen und bleibt ohne Gewähr für Richtigkeit, Vollständigkeit und Aktualität.

Redaktion und Lektorat: 360° medien

Satz und Layout: 360° medien

Bildnachweis: Alle Bilder von Wolf Leichsenring,
Karten: Maps4News

Gedruckt und gebunden:
STANDARTU SPAUSTUVE Druckerei | Dariaus ir Girėno g. 39 |
LT – 02189 Vilnius | standart.lt

ISBN: 978-3-947944-09-5

Hergestellt in Litauen

www.360grad-medien.de

Wolf Leichsenring

Färöer **ISLAND** Grönland

Inseleinsichten

Inhalt

Island

Färöer Inseln

Grönland

Vorwort

Inseleinsichten

Die größte Gemeinsamkeit aller drei Tourziele dieser Reise besteht wohl darin, dass es sich ausnahmslos um Inseln handelt. Zum einen bereise ich ein ganzes Archipel aus 18 Inseln – die Färöer. Island zum anderen trotzt weit oben im Nordatlantik den Einflüssen von Wind und Wetter. Gut 2000 Kilometer liegt die Insel von Dänemarks Nordspitze Jütland entfernt. Noch weiter gen Norden kommt dann nur noch Europas und der Welt größte Insel Grönland mit ihrer immensen Binnenlandeiskappe, an den Küsten hin und wieder gesäumt von einem schmalen Streifen grüner Natur. In all diese drei Eilande samt ihrer „Nebeninselchen" darf ich auf meiner knapp dreimonatigen Wohnmobiltour Einsicht nehmen.

Dabei verstehe ich den Begriff „Einsicht" im doppelten Wortsinn. Zunächst denke ich an die „oberflächlichen, äußeren" Einsichten, sprich an malerische Aussichten auf und wunderbare Einblicke in die jeweiligen Naturgegebenheiten. Die Vertie-

Inseleinsichten

fung des Begriffes zeigt sich im lernenden Kontakt mit der Geschichte, der Kultur oder Politik des jeweiligen Insellandes. In frühere Lebensbedingungen gewinne ich ebenso Einsicht wie in aktuelle.

Schon aus diesen wenigen Worten geht sicherlich hervor, dass das Buch kein „Reiseführer" im herkömmlichen Sinn darstellt. Mein Ziel war und ist es, ein „Reisetagebuch/traveldiary" zu präsentieren. Somit schreibe ich meine Eindrücke von unterwegs nieder, gebe hier und da auch Tipps, was mir besonders gut oder auch nicht so sehr gefallen hat. Auf die Angabe von Öffnungszeiten, Preisen oder Standorten verzichte ich bewusst. Die entsprechenden Internetauftritte der jeweiligen Einrichtungen geben hier bessere Auskünfte.

Mit geht es eher um „Lebendigkeit" denn um trockene Informationsvermittlung. So ist dieser Band, wie meine anderen sieben Bücher auch, stets während der aktuellen Tour verfasst worden, nicht im Nachhinein. Das vor Kurzem „unmittelbar Erlebte" reflektiert sich in der Niederschrift dann eher „warm wie ein Bäckerbrötchen", präsenter, nicht als Konserve.

Zusätzlich zur eigentlichen Tourbeschreibung findet die Leserschaft eingeschobene Informationskästen über besondere Gelegenheiten für eine Besichtigung, zu Wanderungen oder auch Exkursionen. Alle hier geschilderten Impressionen sind persönlich erlebt.

Jedes Volk hat seine eigenen Legenden hervorgebracht. Oftmals tragen diese kleinen, fiktiven Geschichten zum besseren Verständnis des Landes bei. Ohne sie allzu ernst zu nehmen, führe ich sie zur Auflockerung gern auch in diesem Buch an, sofern ich unterwegs auf sie gestoßen bin.

Über meine früheren Bücher erhalte ich vielfach Rückmeldungen, dass die geschilderten Touren problemlos „nachgefahren" werden können, je nach zur Verfügung stehender Zeit entweder in Gänze oder in einzelnen Abschnitten.

Ein „traveldiary" hält sich in der Regel an die Chronologie einer Reise. Im vorliegenden Buch bin ich von dieser Regel abgewichen, denn die drei Inselländer sind nicht nacheinander besucht worden. Für die Färöer als Start der Tour mit anschließender Fährüberfahrt nach Island mag die Reihenfolge wohl noch gelten. Für Grönland trifft sie nicht mehr zu. Der Trip dorthin wurde in die Islandrundtour eingeschoben.

Da Island zeitlich wie thematisch den Schwerpunkt der gesamten Tour ausmacht, habe ich aus Gründen der Übersichtlichkeit diese Tourschilderungen an den Anfang gestellt, gefolgt von denjenigen über die Färöer und Grönland.

Jeder Reisende setzt seine individuellen Schwerpunkte, der Autor natürlich auch. So will und kann auch dieses Buch keinen Anspruch auf Vollständigkeit und stets währende Richtigkeit der Angaben erheben. Anregungen möchte das Buch liefern, Ideen für eine Reise in diese nordatlantische Inselwelt, „Einsichten“ eben.

Isländische Shrimpstorte

Leinen los ...

So heißt es an einem Samstag im Juni um 15:30 Uhr (MEZ). Das wohlbekannte Schiff Norröna der färöischen Reederei Smyril Line verlässt den Hafen vom dänischen Hirtshals. Vorher, von Hamburg kommend, heißt es zunächst gut 500 Kilometer zu bewältigen bis fast in Jütlands Nordspitze, meistens problemlos auf Autobahnen (in Deutschland A7, in Dänemark E45). Völlig stressfrei schaffe ich diese Strecke mit dem Wohnmobil in rund acht Fahrstunden. Zum Abklingen des Alltags und zum Umschalten auf das rund drei Monate währende „Abenteuer Island“ gönne ich mir eine nächtliche Unterbrechung (Freitag auf Samstag) in dem idyllischen dänischen Städtchen Viborg. Geruhsam rolle ich dann am eigentlichen Abfahrtstag die restlichen 150 Kilometer zum Fährterminal.

Das Einchecken und Verladen der Fahrzeuge verläuft professionell reibungslos. Keine langen Wartezeiten in den Wartespuren am Kai müssen ertragen werden. Kaum dort angekommen, werde ich auch schon ins Schiff gewunken. Und das bereits ungefähr fünf Stunden vor der eigentlichen Abfahrt. So entzerrt sich die zu verladene Fahrzeugschlange, wie auch die der Ratsuchenden an der Schiffsrezeption. Man könnte es auch nordische Gelassenheit nennen.

Hektisch wird es allerdings, als auf die Minute genau zur Abfahrtszeit ein heftiger Hagelschauer niederprasselt, gefolgt von einem 30-minütigen Sturzregen. Der Durchnässungsgrad sämtlicher Passagiere auf den Außendecks (mich inklusive) ist nahezu lückenlos. Die rettenden schweren Eisenschotten ins Schiffsinnere erscheinen weit weg. Sollte es sich etwa um ein Omen für die zu erwartende nordische Wetterlage handeln?

So denken nur Pessimisten! Bald reißen die Wolken wieder auf. Der Wechsel hin zu Sonnenschein über ruhiger See tut gut, trocknet die Kleidung und wärmt die Gedanken. So kann es bleiben auf der ersten Fähretappe von Hirtshals bis nach Tórshavn auf den Färöer-Inseln. Rund 32 Stunden wird sie dauern, um dann in rund weiteren 13 Stunden den Sprung hinüber nach Seyðisfjörður an die Ostküste Islands zu bewältigen.

Was sich wettermäßig am Abfahrtsnachmittag in Hirtshals zum Positiven gewandelt hat, lässt am Folgetag doch sehr zu wünschen übrig. Die See bleibt rau, kein Sonnenstrahl dringt durch die dichte Wolkendecke. Dafür bläst der Sturm umso heftiger. Der Nordatlantik ist halt nichts für zarte Gemüter und empfindliche

Mägen, was der aufgelockerten Stimmung an Bord allerdings nur wenig Abbruch tut. Eine bunte Nationalitätenmixtur bevölkert die verschiedenen Decks, meist aus Europas nördlichen Regionen, auffallend viel Färinger und Isländer. Wie sie berichten, haben sie vor der „nordischen Tourismussaison" noch einmal die Gelegenheit genutzt, um in europäisch südlichen Gefilden „Wärme zu tanken".
Vorbei an den schottischen Shetland-Inseln, steuert die Norönna in einem weiten Bogen die Inselgruppe der Färöer an. Als Ankunftszeit ist 22:30 Uhr Ortszeit angegeben. Stellen wir die Uhren also rechtzeitig eine Stunde zurück.

Der zweite Teil der Fährfahrt nach Island, für mich rund zehn Tage später, verläuft nicht minder reibungslos und aufregend. Als Unterschied bleibt hängen, dass ich mich wettermäßig schon recht gut akklimatisiert habe. Man kann auch sagen: Die persönliche Erwartungshaltung hat sich reduziert. Auch im Zielhafen rolle ich problemlos und relativ geschwind von der Fähre. Das Abenteuer Island kann beginnen.

Leinen los in HIrtshals

Es wird bis fast Ende August währen. Zum Abschluss, von Donnerstag späten Vormittag bis Samstag gegen Mittag wird es dauern, bis wir wieder in den Hafen von Hirtshals einlaufen. Die Färöer werden als Zwischenstopp natürlich auch ein weiteres Mal angelaufen. Nachts um 3 Uhr sind 30 Minuten für Aus- und Einladen vorgesehen. Sofern das Meer ruhig bleibt, kann man insgesamt eine entspannte, erholsame Seereise in mehreren Teilen genießen.

Per Flugzeug gelange ich zweifelsohne schneller an die Zielorte. Doch zum gemächlichen „Ein- und Ausfädeln“ in die nordatlantische Welt erscheint mir die mehrtägige Schifffahrt geradezu ideal.

ISLAND

Island

Einstimmung

Island – ähnlich groß wie Belgien oder Irland. Einheimische bezeichnen ihre Insel auch als „fast letzten, zivilisatorischen Außenposten“. „Hinter uns kommt nur noch Eis“, wird schnell hinzugefügt. Eis gibt es durch die Gletscher auch bereits auf Island genug – noch(!).

Die Geburtsstunde des Insellandes schlug vor rund 20 Millionen Jahren. Unterwasservulkane schufen durch Jahrhunderte lange Eruptionen das Eiland in etwa so, wie wir es heute kennen. Aber eben doch nicht ganz. Denn der kreative Bildungsprozess des geologischen Teenagers scheint noch lange nicht abgeschlossen zu sein. Wir können ihn miterleben. Denken wir nur an das jüngste „Inselbaby“ Surtsey bei den südlichen Westmännerinseln. Gerade einmal 50 Jahre ist das noch unbewohnte Vulkaninselchen alt. Jeder Vulkanausbruch, jeder kalbende Gletscher schnitzt die Inselform immer ein wenig neu.

Einfahrt in Seydisfjördur

Erste, zaghafte Besiedlungsversuche begannen erst vor rund 1200 Jahren, in einer Zeit also, als die Regentschaft Karls des Großen mehr oder minder gerade zu Ende gegangen war und das düstere, europäische Mittelalter zur Höchstform auflief. Wirklichen Siedlungsboom brachten eigentlich erst die Wikinger vor rund 1000 Jahren mit sich.

Der Einwohnerboom hielt und hält sich in Grenzen. Rund 350.000 Einwohner wohnen heute (Stand: 2019) stetig auf der Insel, also nicht viel mehr als in einer mittleren Großstadt. Und mit dieser relativ geringen Bevölkerungszahl muss das gesamte „Spektrum des Lebens“ auf allen Ebenen abgedeckt werden, vom Staatspräsidenten bis zur ehrenamtlichen Bürgermeisterin, von der Kulturmanagerin bis zum Baggerfahrer, vom Kioskbesitzer bis zur Kinderärztin. Es klappt offensichtlich gut, von wenigen Beulen abgesehen. Vielleicht liegt hierin auch ein Schlüssel für die überwiegende Zufriedenheit, Aufgeschlossenheit und die dem Menschen (nicht nur den rund 700.000 Schafen) zugewandte innere Haltung der Isländer.

Wer Island bereist, sollte sich darauf einstellen, dass nicht unbedingt Opulenz herrscht, eher Reduktion. Opulent bis zum Überfluss kann man in die teilweise noch unberührte Natur eintauchen. Seit nunmehr 30 Jahren erlebe ich sie auf mehreren Reisen (alle per Wohnmobil). Eher reduktiv empfinde ich die Insel hinsichtlich langanhaltender Schönwetterperioden. Sicherlich, Sonnentage kommen vor. Besonders aber für den touristischen Besucher mit einer begrenzten Aufenthaltsdauer bleibt es eben doch ein wenig Glücksache, in welches Wetterloch er gerade hinein fällt.

Opulent präsentiert sich das kulturelle Angebot auf allen Ebenen. Die Bevölkerungsdichte, abgesehen vom hauptstädtischen Großraum um Reykjavík, zeigt sich eher reduktiv. Das Zugehörigkeitsgefühl vieler Isländer zu Europa, so haben zahlreiche Gespräche erbracht, zeigt sich stärker als reduktiv. Oftmals höre ich das Argument „Wir fliegen nach Europa“, wenn für Einheimische ein Trip auf den Kontinent ansteht. Wir, die Besucher, sind die „Europäer“, Isländer bleibt Isländer.

Wie gesagt, seit nunmehr 30 Jahren darf ich durch meine verschiedenen Reisen die Entwicklung des Landes „vor Ort“ miterleben. Besonders zwei (oberflächliche?) Aspekte fallen mir dabei auf. Zunächst will ich die Beschaffenheit der Straßen nennen, bei meiner Reiseform eine nicht unwichtige Komponente. Waren bei (m) einer ersten Islanderkundung (um 1990) von der Hauptverkehrsader des Landes, dem Hringvegur (Þjóðvegur), lediglich rund zehn Prozent geteert, so verbleiben nunmehr (Stand: 2019) nur noch wenige Straßenabschnitte der Ringstraße als „Gravel Road". Diese Entwicklung setzt sich fort bei den zweistelligen Überlandstraßen. Auch hier kann man meist ungehindert auf einem Teerband reisen, im Süden fast ausnahmslos, im Norden und den Westfjorden eher weniger. Selbst dreistellige Straßen in entlegene Gegenden, Dörfer oder auch Gehöfte erhalten in zunehmendem Maße „Teeranschluss". Ausgeschlossen von dieser Entwicklung sind die sogenannten „F-"Straßen, die tief ins gebirgige Hochland führen. Sie sind, und werden es auch wohl bleiben, geländegängigen Allradfahrzeugen vorbehalten.

Der zweite Aspekt könnte mit der Rundumentwicklung der Straßenzustände zusammenhängen – der Trend zum Eigenheim. Sicherlich spielt der wachsende Wohlstand (trotz des seinerzeitigen Börsencrashs) eine gewichtige Rolle beim Wunsch nach Eigentum. Doch „Neubaugebiete" mit Einzel- oder Reihenhausbebauung entstehen nicht nur in den urbanen Ausprägungen, sondern eben auch weit von ihnen entfernt, manchmal in tiefster Einsamkeit. Ohne mehr oder minder günstige Verkehrsanbindung würde man sich dort wohl nicht niederlassen.

Die Digitalisierung des Alltagslebens möchte ich als einen weiteren Entwicklungsprozess anführen. Die isländische Krone ist und bleibt Zahlungsmittel. Der schwedische Zustand in puncto Kartenzahlung ist auch noch nicht erreicht. Doch die Durchdringung des Alltaglebens mit bargeldlosem Zahlungsverkehr ist schon auffällig. Auch in den entlegensten Siedlungen wird der Kartenterminal immer stärker zur Gewohnheit.

Für Autofahrer bringt diese Entwicklung einen großen Vorteil mit sich. Die überregionalen Tankstellenketten bieten auf diesem Weg auch in der verlassensten Gegend eine servicefreie Zapfsäule an. Bezahlt wird am Automaten. EC-Karte genügt meistens.

Island gilt für uns als teuer. Davon ist auch nichts abzulassen. In der Regel bleibt es bei einem fast doppelten Preisgefüge im Vergleich zum unsrigen. Doch gefühlt scheint mir der Preisunterschied nicht mehr so heftig auszufallen wie in früheren Jahren. Sind unsere Waren und Dienstleistungen teurer geworden oder die Isländischen preisgünstiger?

Ein letzter Boomaspekt sei an dieser Stelle noch erwähnt, bevor wir die Rundtour starten. Ich denke an den wachsenden Tourismus. Die Anzahl der Islandtouristen steigt ständig. Waren die Europäer in früheren Jahren noch weitgehend unter sich, treffe ich nun auf Gäste aus aller Welt. Besonders der Süden der Insel profitiert hiervon. Die Ringstraße entlang der Gletscher- und Vulkanwelt entwickelt sich stetig heftiger zur „Avus“ für Mietfahrzeuge, Tourbusse und Wohnmobile. Die touristische Infrastruktur versucht, dem gerecht zu werden. Der südliche Teil der Halbinsel Snæfellsnes erlebt Ähnliches. Ruhiger, noch nicht so stark vom Massentourismus geküsst, verharrt der Norden, die Westfjorde sowieso.

Die Tourismusmanager betrachten diesen Boom überwiegend mit Freuden, Natur- und Tierschützer selbstredend nicht. Je nach gedanklicher Ausrichtung macht der Begriff einer „Mallorcaisierung Islands“ die Runde. Nun, vielleicht stellt sich ja auch auf diesem Feld eines Tages reduktivere statt opulentere Denk- und Handlungsweise ein. Der Bewahrung einer gewissen Ursprünglichkeit der Insel käme es wohl zugute.

Genug der Worte, meine Fähre läuft in wenigen Minuten in den östlichen Hafenort Seyðisfjörður ein. Die Islandrundtour kann beginnen.

Grönlandsee
Bolungarvik
Isafjordur
Flateyrk
Dynjandur
Holmavik
Patreksfjordur
Raudisandur
Brjanslaekur
Blonduos
Varmahlid
Flatey
Stykkisholmur
Olafsvik
Snaefellsjokull
Budir
Arnarstapi
Reykholt
Hofsjö
Borgarnes
Langjokull
Faxabucht
Thingvellir
Gullfoss
Reykjavik
Geysir
Keflavik
Fludir
Hveragerdi
Blue Lagoon
Selfoss
Grindavik
Thorfakshofn
Thorsmork
Hvolsvöllur
Mýrdals
Seljalandsfoss
Atlantischer Ozean
Skógar
Vestmannaeyjar
Vík í Mýrd

Raufarhofn
Husavik
Asbyrgi
Dettifoss
Vopnafjordur
Akureyri
Godafoss
Lake Myvatn
Askja
Egilsstadir
Seydisfjordur
Neskaupstadur
Djupivogur
Vatnajokull
Hofn
Skaftafell
Jokulsarlon
Kirkjubaejarklaustur

Im Rhythmus der Fähre – Ankunft in Seyðisfjörður

Seyðisfjörður, Donnerstagmorgen, 8:30 Uhr (MEZ 10:30 Uhr), seit rund einer Stunde gleitet das Fährschiff Norröna durch den gleichnamigen Fjord bis zum Fährhafen in der kleinen Gemeinde. Willkommen in Island! Diese Autofähre der Smyril Line stellt die einzige Fährverbindung zu Kontinentaleuropa dar. Im Wochenrhythmus transportiert sie Passagiere, Frachtgüter und alle Arten an Fahrzeugen von Hirtshals (Dänemark) über Tórshavn (Färöer) hierher nach Ostisland. Der 650 Einwohner zählende Ort lebt in großem Ausmaß von und in diesem Fährrhythmus, jeden Donnerstag. Kaum sind die Schiffstaue festgezurrt, die Ladeluke heruntergeklappt, ergießt sich die schier unendlich erscheinende Fahrzeugschlange auf die Pier. Schnell muss es gehen, denn bereits zwei Stunden später, also fahrplanmäßig um 10:30 Uhr Ortszeit, soll das Schiff wieder ablegen Richtung Dänemark, mit 30-minütigem Zwischenstopp (nachts um 3 Uhr) in Tórshavn. Auffällig ist beim Ent- und Beladen die hohe Anzahl der Wohnmobile. Spätestens um

Seydisfjördur

11 Uhr neigt sich der ganze Spuk seinem Ende entgegen. Die Fähre verschwindet am Horizont hinter der letzten Fjordbiegung. Anschließend ruht der Ort wieder störungsfrei vor sich hin, eingebettet in auch im Sommer von Schnee bedeckten bis 1000 Meter hohen Berge. So verläuft es Woche für Woche, jahraus, jahrein, seit nunmehr rund 35 Jahren – ein geregeltes Dasein.

Die Fahrzeugschlange mit Ausnahme der Lkw der Reederei ergießt sich ins Dorf, davon 30 gezählte Wohnmobile. Eigentlich müsste der ortseigene Campingplatz doch jetzt recht gefragt sein. Günstig liegt er ohnehin, nur 500 Meter vom Hafen entfernt, gleich hinter der Kirche. Doch keine Spur ist davon zu bemerken. Nach gefühlten 30 Minuten ist der Ort so gut wie „WoMo-frei". Die Karawane steuert ohne zu zögern die Straße Nr. 93 nach Egilsstaðir (ca. 25 Kilometer) an, um dort auf die Ringstraße 1, den Hringvegur (Þjóðvegur), zu stoßen. Wollte man nur ihr folgen, schlösse sich nach rund 1300 Kilometern der Kreis. „Wir hier in Seyðisfjörður profitieren nur bedingt von dem Wohnmobiltreiben", wird mir an der Rezeption des akzeptablen Campingplatzes berichtet. „Gut, die Nächte von Mittwoch auf Donnerstag sind in der Hochsaison gut besucht, bis zur völligen Auslastung. Ansonsten bleibt es aber eher ruhig, keine Stellplatzprobleme. Unsere Drei-bis-vier-Wochengäste wollen möglichst die gesamte Insel umrunden. Dabei steuern sie überwiegend die am stärksten beworbenen Sehenswürdigkeiten an. Warum konzentrieren sie sich nicht nur auf bestimmte Regionen für einen intensiveren Einblick?" Sind wir nunmehr gut eingestimmt auf unsere Rundtour?

Einen intensiveren Einblick von Island wollen wir gewinnen und beginnen dabei gleich im Hafenort selbst. Den gesamten Ankunftstag inklusive Übernachtung lasse ich mir Zeit. Zu Fuß wandere ich am Südufer des Fjords entlang, durch das winzige Zentrum des Künstlerdorfes. Achten Sie nicht nur auf die historischen Fassaden der Holzhäuser, sondern auf die künstlerisch gestalteten Hauswände! Die „bunte Straße" Richtung Kirche zeigt Farbenvielfalt.

Die „Blaue Kirche" gilt als eine der schönsten in Ostisland. Ihre wahre Pracht entfaltet sich besonders im Innenraum. Wenn Sie Glück haben, können Sie hier auch an einem der Sommerkonzerte Ostislands teilnehmen.

Die innerörtliche Uferstraße entlang geht es weiter Richtung Technikmuseum. Eifrig wurde gesammelt, sodass sich eine Ausstellung wie aus vergangener Zeit herausgebildet hat, zum Beispiel die originale Telefonvermittlung von 1906, das erste Telefon auf der Insel, aber auch eine originale Heidelberger Druckmaschine.

Von der Technik zur Kunst führt mich eben diese Straße weiter bis zu einem (ausgeschilderten) Kunstwerk, Tvísöngur. Etwa 20 Minuten darf ich zunächst den Berghang hinauf klettern, genieße dabei Ausblicke auf Fjord und Dorf und stehe dann vor Betonhütten, die Bienenkörben ähneln. So auch der Titel der Statue des deutschen Künstlers Lucas Kühne. „Singender Beton" nennt er sie als Visualisierung der Fünf-Ton-Harmonie isländischer traditioneller Musik. In ihrem Inneren sind bei Wind in der Tat fünf verschiedene Töne vernehmbar. Der auf das Dach prasselnde Regen gibt die Percussionsuntermalung dazu.

Über den zu erblickenden Wasserfall am Wegesrand berichte ich in einem gesonderten Absatz. Der „Umschalttag" lohnt sich. So eingestimmt, verlasse ich Seyðisfjörður, fahre der „Touristenkarawane" in gehörigem Abstand gemütlich und genüsslich hinterher.

Ich möchte den Hafenort jedoch nicht verlassen, ohne der Leserschaft eine Begebenheit aus der Dorfchronik zu präsentieren:

Dísa þórdis þórgeirsdóttir und ihr Bruder Bjarna

Dísa war eine junge Frau aus der Gegend, die sich im November 1797 zusammen mit ihrem Bruder Bjarna zu Fuß nach Seyðisfjörður aufmachte. Um die kürzeste Route zu wandern, begaben sich die beiden von dem Hof ihrer Eltern ins Gebirge. Also mussten sie das Moor Vestdalsheiði durchqueren. Das Wetter wechselte urplötzlich; kurz darauf befanden sie sich im Zentrum eines Schneesturms. Aus Erschöpfung brach die junge Frau schließlich in einer Gegend in der Nähe des heutigen Gufufoss zusammen. Schnell baute der Bruder für sie eine kleine Schutzunterkunft aus Schnee. Danach machte er sich auf, um im Dorf Hilfe zu holen. Seine Schwester blieb zurück in der provisorischen Schneeunterkunft, zusammen mit ihrem gesamten Gepäck. Dieses enthielt, neben vielen anderen Dingen, auch einen großen Krug mit Branntwein […]

Das Ende der Geschichte wird bei der Rückkehr nach Seyðisfjörður im letzten Islandkapitel verraten.

Die Straße Nr. 93 nach Egilsstaðir schraubt sich schnell auf 600 Meter Höhe. Karstige Mondlandschaft löst grüne Berghänge ab. Von den insgesamt zehn um

Seyðisfjörður herum gurgelnden Wasserfällen erblicke ich von der Straße aus die Wasserfälle Gufu-foss und Fardagafoss. Kurz darauf, bereits vom letzten Straßenpass aus, werden tief unten im Tal der See Lagarfljót mitsamt dem Städtchen Egilsstaðir sichtbar.

Welch ein buntes Treiben herrscht hier! Mit seinen zahlreichen Supermärkten, Tankstellen, Hotels und der Touristeninformation gilt der Ort als das zentrale Versorgungszentrum der Region. An den meisten gerade angereisten Wohnmobilisten können die Tankstellen allerdings nicht viel verdienen. Denn Sparfüchse haben auf den Färöer-Inseln noch einmal preiswert den Tank aufgefüllt. Auf der Rückfahrt lässt es sich dann vielleicht ja auch wieder so einteilen, dass man noch auf die Fähre rollt und in Hirtshals tankt.

Nicht nur der Kommerz sollte in Egilsstaðir auf dem Programm stehen. Denn zum einen lohnt der Weg zur modernen Kirche von 1974. Sie befindet sich unübersehbar auf dem Hügel Gálgaklettur, der letzten öffentlichen Hinrichtungsstätte Ostislands. Belegt ist folgende Begebenheit: Um 1770 ereignete sich ein Raubmord an einem Angestellten. Ein Farmer aus der Nachbarschaft wurde wegen dieses Verbrechens vor Gericht gestellt, für schuldig befunden und eben hier hingerichtet. 19 Jahre später jedoch erwies sich seine Unschuld. Der eigentliche Mörder konnte ausfindig gemacht, abgeurteilt und kurzerhand gleichfalls auf dem Gálgaklettur exekutiert werden.

Zum Kennenlernen ostisländischen Lebens, seiner Geschichte und Kultur (Mitte 19. Jahrhundert) begebe ich mich ins Ostisländische Museum. Das ist gut investierte Zeit, finde ich, klein aber fein, optisch ansprechend, informativ. Eine Sonderabteilung berichtet dokumentarisch in Wort und Bild über den eher gescheiterten Versuch, im 18. Jahrhundert Rentiere aus Norwegen in Island anzusiedeln. Mit etwas Glück findet man in Ostisland heute noch Einzeltiere in freier Wildbahn. Die Hinweisschilder sind nicht zu übersehen.

Egilsstaðir bietet sich obendrein als Ausgangsort für eine Erkundung des malerischen Sees Lagarfljót an. Ähnlich wie im schottischen Loch Ness soll in ihm gleichermaßen ein Seeungeheuer leben, der Lagarfljótwurm. Also Augen auf bei Fahrt oder Wanderung am bzw. um den See, dessen Zufluss Jökulsá heißt. Kaum die Brücke überquert (Straße Nr. 931, Südostufer) fangen die Wanderschuhe an, unruhig zu werden. Denn die Wanderung zum Hengifoss gehört sicherlich zu einem der Topziele in Ostisland.

Drei Wasserfallwanderungen

Dass Island ein Paradies für Wanderer darstellt, bleibt kein Geheimnis. Viel spricht man von den „Wanderperlen" der Insel. Drei kleinere davon präsentiere ich der Leserschaft in diesem kleinen Exkurs:

Beginnen möchte ich mit dem Búdarárfoss in Seyðisfjörður. Zu sehen ist er quasi von jedem Standort im Dorf aus. Auf dem Weg zum bereits erwähnten Technikmuseum bzw. zum Kunstwerk Tvísöngur biegt ein ausgeschilderter Wanderweg ab. Weit ist es nicht bis zum Wasserfall. Eine knappe halbe Stunde bergan auf schmalem Pfad, schon stehe ich vor ihm. Auch ohne besondere Höhe oder Wasserdurchfluss bietet er doch einen wunderbaren Anblick, einem Brautschleier gleich.

Einen ausgedehnteren Anmarschweg von rund 1,5 Kilometern und mehr Fallhöhe zeigt dann bereits der Fardagafoss. Ich finde ihn auf dem Weg von Seyðisfjörður nach Egilsstaðir an der Straße Nr. 93, ca. vier Kilometer vor der Ortseinfahrt. Investieren Sie gern zwei Stunden, um diese Naturschönheit in Ruhe genießen zu können. Unterwegs gibt es einige Aussichtspunkte an dem teils steil ansteigenden Wanderpfad, zum Beispiel auf und in eine Schlucht mit Basaltsäulen. Auch die Aussichtsstelle mit einem Gesamtblick auf den Wasserfall ist eine kurze Ruhepause wert. Für den finalen Aufstieg bis in unmittelbare Nähe des Wasserfalls benutze ich noch einen mit Ketten gesicherten Steig.

Zu guter Letzt wartet der Hengifoss auf seine Erwanderung. Er gilt als der bezauberndste Wasserfall der Gegend. Weithin von der Uferstraße entlang des Lagarfljót sichtbar (Parkplatz gleich hinter der Brücke), findet man Wanderers Einsamkeit meist nur in den frühen Morgenstunden. 128,5 Meter Fallhöhe werden angezeigt. Damit ist er einer der höchsten Islands. Um zu ihm zu gelangen (und wieder zurück), plane man ebenfalls zwei Stunden ein. Auch hier bieten unterwegs Aussichtspunkte immer wieder faszinierende Ein- und Ausblicke. Schwindlig könnte einem werden nach knapp der Hälfte der Wegstrecke bei dem Blick in einen tiefen Basaltgraben. Die Wassermassen am Fuße des Hengifoss stürzen in die wunderschöne Schlucht, deren Gesteinsschichten im Kessel durch ihre schmalen leuchtend roten Tonstreifen schon etwas Besonderes reflektieren. Sollte nach einer regenarmen Zeitspanne einmal wenig Wasser hernieder prasseln, so kann man den Wasserfall umgehen und einen Blick in die dahinter liegende Grotte werfen. Auf dieser Tour habe ich diese Gelegenheit nicht, hatte sie aber auf früheren.

Weiter zieht sich das Teerband der Seeuferstraße (Nr. 934) jetzt auf der nordwestlichen Seeseite entlang. Zwei Hinweisschilder machen aufmerksam: Skriduklaustur bzw. Wilderness Center Óbyggðasetur.

Einem der größten einheimischen Schriftsteller, Gunnar Gunnarsson (1889 bis 1975) hat man in Ersterem, dem Gunnarhús, ein Denkmal gesetzt und ein Museum gewidmet. Hier hat er teilweise gelebt, bevor er nach Reykjavík umsiedelte. Voller Stolz weist die Museumsleiterin darauf hin, dass seine Werke in 20 Sprachen übersetzt wurden. Sind nicht nur das Haus selbst und die Ausstellung besuchenswert, das im Museumskaffee angebotene Mittagsbuffet (biologisch) lässt keine Wünsche offen.

Zur Verdauung schlendere ich auf dem weitläufigen Gelände noch einige hundert Meter weiter zu Ausgrabungen eines mittelalterlichen Klosters. Ganz sicher ist man sich über die Periode klösterlicher Aktivitäten nicht, bezüglich religiöser, aber auch gesundheitlicher Betreuung. Doch wird die Jahreszahl 1493 genannt.

Körperlich und mental gestärkt lege ich weitere 20 Kilometer zurück, die letzten acht davon auf Schotterstraße, und rolle auf den Parkplatz des Wilderness Center. Den Besucher erwartet neben Unterkunft und Bewirtung mit regionaler Küche ein Museum, Ausritte zu Pferd, Mountainbiking, aber auch das Abenteuer einer Überquerung des Flusses Jökulsá – nicht per Brücke, sondern in einer sogenannten Cable Box.

Knapp eine Stunde dauert die Wanderung von der Farm bis zum Flussübergang. Mal geht es über Farmwiesen, mal einen Schotterweg entlang, aber stets am Flussufer in Gesellschaft von Schafen und Pferden. Nach einer letzten Bachfurt werden die Kabel der Transportgondel sichtbar. Nun ist eigene Muskelkraft gefragt. Denn, um die hölzerne, schaukelnde Transportkiste in Bewegung zu versetzen, muss ich mich eigenhändig an einem Seil über den Fluss ziehen. Bis zur Mitte, also abwärts, ein Kinderspiel. Anstrengender wird es auf dem zweiten Abschnitt, aufwärts zur gegenüberliegenden Andockstation. Doch der Blick auf den schäumenden Canyon-Fluss ist der Mühe wert. Wandern Sie in Begleitung, kann man sich ja gegenseitig per installierter Handkurbel am Ausgangspunkt über den rauschenden Flusslauf kurbeln. Egal wie, dieses Wanderabenteuer bereichert den Besuch der Farm sicherlich.

Canyonüberquerung im Hängekorb

Islands Nationaltier

Szenenwechsel: Etwas mehr als 100 Kilometer Distanz sind zu bewältigen, um zu den legendären Fjorden Ostislands zu gelangen. Zunächst fahre ich zurück nach Egilsstaðir, anschließend über die Ringstraße (Nr. 1) bis zum Abzweig der Straße Nr. 92. Sie führt mich direkt auf die südlich von Seyðisfjörður liegende Fjordhalbinsel hinein bis zur östlichen Landspitze.

Eskifjörður heißt mein erstes Ziel auf diesem Abschnitt. In der Hauptstraße, der Strandgata, spielt sich das eigentliche Leben ab, abgesehen vom Schwimmbad, vor dem zahlreiche Autos stehen. Geprägt von Fischerei und Fischverarbeitungsindustrie bietet das kleine Fischereimuseum einen intensiven Einblick in das Leben früherer Jahre. Der mittlerweile verpönte Walfang stellt dabei nur eine Abteilung in diesem lohnenswerten Museum dar.

Lediglich 20 Kilometer weiter gelange ich in die östlichste Stadt Islands, nach Neskaupstaður. Während ich auf früheren Reisen dorthin die oftmals raue Schotterstraße über die Berge nehmen musste, bildet nunmehr der 7900 Meter lange, zweispurige Tunnel Norðfjarðargöng von Eskifjörður aus die Hauptverkehrsader, eine wahrlich erleichternde Streckenführung.

Im Ort selbst bietet sich annähernd das gleiche Bild: Eine Hauptstraße am Fjordufer entlang mit Fischindustrie und Einkaufsmöglichkeiten. Auch hier finde ich wieder ein Heimatmuseum (Safna-hús), welches sich neben allen möglichen Handwerksberufen auch einer künstlerisch bildnerischen Aufarbeitung der Weltkriegsära widmet. Gehen Sie weiter bis zum Ortsende, zum Fjordwanderweg ins Naturschutzgebiet Neskaupstaður hinein. Bei der vom Meer erodierten Felsaushöhlung Páskahellir (Osterhöhle) kehre ich um. Der Name leitet sich von der Legende ab, dass die Sonne am Ostermorgen gesehen werden kann, wie sie „aus“ der Höhle kommt. Vom dazugehörigen Parkplatz aus dauert es nur etwa zehn Minuten zu Fuß zur Höhle, teilweise über hölzerne Treppen.

So verliere ich mich allmählich mitten in der Einsamkeit der Ostfjorde, welche wir dann im nächsten Kapitel näher betrachten wollen.

Um die Nasen herumführen – Ostfjorde

Von wie vielen „Nasen“, die ins Meer hineinragen, spreche ich? Je nach Zähl- und Sichtweise führen die Straßen in Nord-Süd-Richtung um sieben solcher Fjordhalbinseln herum. Dabei habe ich die Halbinsel mit dem Fährankunftsort Seyðisfjörður noch nicht mitgerechnet. Manche Meereseinkerbungen bleiben dabei so breit, dass man eher von Buchten sprechen könnte. Fast 200 Kilometer Panoramastraße vom Feinsten. Die Fjorde selbst tragen oft die Namen der jeweiligen Hauptorte. An Straßenbezeichnungen brauche ich mir nicht viele zu merken. Hauptsächlich rolle ich zunächst auf der Straße Nr. 92, die später Nr. 96 bzw. 1s wird. Alle münden auf die

Fáskrúðsfjörður – ehemalige US-Militärbasis

eigentliche Ringstraße, die Nr. 1. Von einigen wenigen kurzen Streckenabschnitten abgesehen, kann ich auf einer gut gepflegten Teerstraße fahren bis hinunter zur Kleinstadt Höfn.

Wie auch bereits in Gemäldeform im Heimatmuseum in Neskaupstaður begonnen, setzt sich die Aufarbeitung der Epoche „Zweiter Weltkrieg“ im Ort Reyðarfjörður am gleichnamigen Fjordende fort. Die ehemalige amerikanische Militärbasis mit

Französischer Einfluss in Fáskrúðsfjörður

ihren roten Wellblechhütten an den Hängen hoch über dem Fjord bildet den ersten optischen Hinweis dafür. Das Íslenska Stríðsarasafnið (Isländisches Militärmuseum) bietet eine umfangreiche Sammlung aus Dokumenten und Militärausrüstung jener Epoche. Filme mit Aussagen von Zeitzeugen ergänzen die Ausstellung. Erstaunlicherweise wird stets von „Besatzung" gesprochen, wie gesagt nicht von deutscher, sondern von alliierter, deren Truppen Island doch eigentlich vor einem deutschen Angriff bewahren sollten.

Im nächsten kleinen Küstenort, in Fáskrúðsfjörður spüren wir französischen Einfluss. Zweisprachige Straßenbezeichnungen, zum Beispiel Hafnargata/Rue du Port, halten die Erinnerung an die Epoche von 1880 bis 1920 aufrecht. Zu jener Zeit kamen französische Fischer vorwiegend aus der Bretagne in den Ort. Nicht nur ein riesiger Kochtopf für Walfleisch im Buðarvegur/Chemin de Budir zeugt hiervon. In der bereits erwähnten Hafenstraße betrete ich das Museum der Franzosen. Man könnte es fast übersehen, äußerlich unscheinbar, jedoch mit einer großen Ausstellung. Der Zugang erfolgt über die Hotelrezeption im Doctor's House. Hauptattraktion ist sicherlich der Verbindungstunnel zwischen diesem Haus und dem ehemaligen Französischen Hospital.

Eher durch Fotografien und Film erlebbar präsentiert sich die Ausstellung zu den Polarlichtern Ostislands (ebenfalls in der Hafenstraße). Alle Fotos sollen im Ort selbst aufgenommen worden sein. Man sieht – kleiner Ort, große Erlebniswelt.

Um von Reyðarfjörður nach Fáskrúðsfjörður zu gelangen, bieten sich zwei Möglichkeiten. Entweder Sie nehmen die schnellere durchgängig geteerte Straße 1s (ehemals Nr. 96) durch den fast sechs Kilometer langen zweispurigen Tunnel (Fáskrúðsfjarðargöng). Oder Sie umfahren wie ich die Fjordnase auf der Straße Nr. 955. Sie beginnt kurz vor dem Tunnel. Die wunderbaren Ausblicke entschädigen für die holprigen Streckenabschnitte mit Schotterbelag.

Umrunden wir die nächste Fjordnase (40 Kilometer) zunächst bis nach Stödvarfjörður. Ein früherer norwegischer Einwanderer aus Trondheim soll im Mittelalter die sogenannte „Landnahme" begonnen haben. Heute erinnert man sich lieber an den „Helden des Ortes", den Fußballspieler Ívar Ingimarsson. Begonnen haben soll er seine Sportlerkarriere, die in viele Spiele in der englischen Premier League

Kunstwerk aus Vogeleiern in Djupivogur

mündete, im heimischen Jugendfußballclub. Freunde von Kunsthandwerk kommen im Ortszentrum auf ihre Kosten. Im Salthússmarkaðurinn kann man stundenlang stöbern. „Alles ist in der Region während der langen, dunklen Herbst- und Winternächte hergestellt", wird mir versichert.

Beim Blick auf und in die Berge entdecke ich die kleine blaue Dorfkirche, fürwahr ein allzu reizendes Fotomotiv. Das Kirchenschild allerdings weist aus, dass hinter den Holzwänden heute ein „Airbnb“ für zehn Gäste eingerichtet wurde. Gotteswille ist halt unergründbar und vielfältig. Die eigentliche moderne Kirche finde ich hingegen einige hundert Meter weiter in der Nähe vom obligatorischen Schwimmbad.

Das nächste Dorf Breiðdalsvík zeigt sich hinter einigen Fjordstraßenbiegungen (immer noch Nr. 1s). Als Hauptattraktion wird „Fischen“ angegeben. Wäre hier nicht ein kleiner romantischer Campingplatz direkt am Fjord, der mich zum Übernachten einlädt, die 140 Seelen zählende Gemeinde hätte ich wohl glatt übersehen.

Kurz hinter dem Ortsausgang stoße ich auf die „richtige Ringstraße 1“. Sie führt mich um den Beru-Fjord herum bis ins Bilderbuchdorf Djúpivogur. Wie attraktiv diese Gemeinde ist, zeigt sich schon am Touristenaufkommen. Nicht nur Individualreisende legen hier einen Zwischenstopp ein. Ganze Busladungen ergießen sich in das Dorf mit seinen knapp 500 Einwohnern. Es lohnt aber auch wirklich! Tief im Fjordtal der malerische Hafen mit seinen bunten Fischerbooten, eingerahmt von ebenso pittoresken, bis zu 1100 Meter hohen Bergen, es bietet sich ein wahrlich idyllisches Bild. Als alles überragende, pyramidenartige Bergspitze ragt der Búlandstindur in den fast wolkenlosen Himmel.

Einen guten Einblick in das historische Erbe der Region präsentiert das Museum Langabúð, direkt oberhalb des Hafens gelegen. Dabei handelt es sich um ein 1790 erbautes ehemaliges Handelshaus. Einerseits, im Obergeschoss, erlebe ich in Form eines Heimatmuseums „Leben in früheren Epochen als Handelsort“. Immerhin waren es doch Kaufleute der weltumspannenden Hanse, die 1589 als erste für Djúpivogur das Handelsrecht erhielten. Auch dem jüngsten Minister aller isländischer Zeiten, Eysteinn Jónsson, ist ein Extraraum gewidmet.

Im gleichen Haus lässt sich andererseits auch hochkarätige Kunst betrachten. Rund 30 Porträtskulpturen berühmter isländischer Köpfe aus Marmor, Stein und Kupfer des Bildhauers Ríkarður Jónsson (1888 bis 1977) schauen auf den Gast, oder dieser auf sie. Ein sehr beeindruckendes Lebenswerk! Als nicht weniger bestaunenswert stellt sich die „Eiergruppe“ des Künstlerkollegen Sigurður Guðmundsson (* 1942) dar. Offiziell nennt sich das Kunstwerk „Die Eier in der Gleðivík-Bucht“. Hierfür schlendere ich zu einem anderen Kai, der rund 400 Meter westlich des eigentlichen Hafens liegt. 34 überdimensionale Eier (meist aus Marmor) von in der Region nistenden Vögeln hat der Bildhauer auf

Betonsockel gesetzt. Für viele Besucher eignen sich diese Gebilde allerdings eher als Fotoanlass (nach dem Motto: „Ich war auch hier!“) denn als Kunstwerk. Wer noch nicht genug bekommen hat von „steinerner Kunst“, der statte auf dem Hin- oder Rückweg der imposanten Mineraliensammlung Auðunns Stone Collection noch einen Besuch ab. Oder schauen Sie hinein ins das Kuriositätenhaus von Jon.

Ein Wehmutstropfen bleibt bei diesem Reiseziel, zumindest zum Zeitpunkt meines Besuches 2019. Die von mir gewünschte Bootsfahrt hinüber zur Vogelinsel Papey konnte nicht unternommen werden. Der Veranstalter soll Lizenzprobleme bekommen haben, teilt man mir in der Touristeninformation mit. Schade, denn gern hätte ich mit eigenen Augen Islands älteste Holzkirche auf der Insel in Augenschein genommen und ein wenig mehr über das Leben der dort früher angesiedelten irischen Mönche (Papar) erfahren. Sie sollen noch vor den Wikingern gekommen sein. Vielleicht stoppt der Lizenzentzug ja nur für kurze Zeit diese Ausflugsmöglichkeit.

Gesättigt, historisch wie kulturell, verlasse ich Djúpivogur, folge für weitere gut 100 Kilometer der Ringstraße Nr. 1 mit dem Ziel Höfn. Nennenswerte Orte bleiben auf diesem Streckenabschnitt Mangelware. Dafür gibt es Natur im Überfluss. So folge ich ungefähr auf der Hälfte der Strecke dem kleinen Hinweisschild „Askur“. Am Ende der kurzen Schotterstraße, von einem Parkplatz aus, beginne ich eine nicht allzu lange Wanderung durch einen dichten Gebirgswald. Ja, Sie haben richtig gelesen. Zahlreiche Aufforstungsprogramme tragen dazu bei, dass auf Island in zunehmendem Maße Schonungen und Wälder anzutreffen sind. Also gönnen Sie sich derartige kleine Unterbrechungen!

Allmählich nähere ich mich den Ebenen der Südküste Islands. Die Bergspitzen flachen ab. Die Brandungswellen nehmen dafür proportional zu. Gelegentlich blicken auch bereits erste Schneefelder der vor mir liegenden Gletscherwelt hindurch.

Kurz bevor ich mein Ziel Höfn erreiche, widme ich mich einem letzten Naturspektakel an der isländischen Ostküste, den Gebirgsverwerfungen von Allmannaskarð. Die Gegend um diesen Straßenpass auf der Ringstraße Nr. 1 an einer kleinen Halbinsel hat viel zu bieten, besonders für Natur- und Wanderfreunde.

Mit der Kleinstadt Höfn beginnt der eigentliche von Gletschern geprägte Tourabschnitt. Darauf können Sie sich im folgenden Kapitel freuen.

Stödvarfjördur – damals Kirche, heute außergewöhnliche Unterkunft

Blühende Landschaften

Wanderung nach Stokksnes

Aus östlicher Richtung kommend, biege ich für dieses Wandergebiet von der Ringstraße nach links auf eine kleine Schotterstraße ab. Stokksnes ist ausgeschildert. Gut fünf Kilometer rumple ich über die Steine bis zu einem Parkplatz am Viking Café. Steil erheben sich gleich neben der Straße die Gebirgsformationen. Das absolut kahle Vestrahorn mit 889 Metern bleibt Höhensieger.

Nun aber die Wanderschuhe übergestülpt, genug zu trinken eingepackt, und los geht's. Im Prinzip habe ich die Auswahl zwischen drei verschiedenen Wanderwegen, die miteinander kombinierbar sind. Zwei führen entlang der Küste durch ein Vogelschutzgebiet, der dritte klettert hinein ins Bergpanorama um die Gipfel herum. Sämtliche Wanderangebote sind durch zusätzliche Schleifen erweiterbar.

Ich entscheide mich für eine Kombination aus Kirkjusandur-Strand und der westlich vom Leuchtturm gelegenen Kliffküste entlang. Für beide Wanderungen zusammen lege ich rund zehn Kilometer zurück. Was nach wenig klingt, darf allerdings nicht unterschätzt werden. Denn mindestens drei Kilometer mahlen sich die Wanderschuhe durch Dünenhügel mit feinkörnigem Sand. Grauschwarz ist er, nicht weiß wie meistens an südeuropäischen Stränden. Zum Teil besteht er aus Lavagestein, zum Teil aus von Gletschern zerriebenen Gebirgsfelsen. Denn hier, 15 Kilometer südöstlich der Kleinstadt Höfn, beginnt die südliche Gletscherwelt Islands.

Vom Café aus führt der Weg zunächst ins Tal zu einem Wikingerdorf. Dabei handelt es sich allerdings um eine ehemalige Filmkulisse, die aber treffend in dieses Naturpanorama passt. Im weiten Bogen führt der Pfad nunmehr durch Marschland, an dessen Tümpeln sich besonders Seeschwalben tummeln. Bald ist der breite, unendlich wirkende, dunkle Kirkjusandur-Strand erreicht. Bei Ebbe stapfe ich über ihn hinweg. Bei Flut hätte ich den etwas höher liegenden Schotterweg nehmen müssen.

Die kahlen Hänge und Felsen des Gebirges im Rücken, den Namensgeber des Wanderziels Stokksnes mit Leuchtturm und NATO-Radarstation im Angesicht, arbeite ich mich über die Dünenhügel weiter vor gen Küste. Die Kamera mag gar nicht in der Tasche bleiben, so ansprechend präsentieren sich unzählige Fotomotive. Nach ungefähr 90 Minuten und mindestens doppelt so vielen Fotos sind Leuchtturm und Küste erreicht.

Eine wunderbare Aussicht belohnt die bisherigen Mühen. Hohe Wellen mit sprühend weißen Gischtkronen brechen sich draußen an den Felswänden der vorgelagerten Felsriffe. Etwas sanfter geht es dann wegen dieser Wellenbrecher an der Küste selbst zu. Solche ruhigen Zonen lassen Tausende von Wasservögeln, besonders Möwen, dort nisten. In den Nachmittagsstunden während meiner Wanderung dümpeln die Tiere allerdings draußen auf dem Wasser. Aus der Ferne ähneln diese schaukelnd schwimmenden Vogelschwärme weißen Flickenteppichen. Nach gut zwei Kilometer Fels-Küsten-Wanderung biege ich wiederum ab landeinwärts. In diesem Vogelschutzgebiet haben besonders Austernfischer eine Heimat gefunden. Lautstark und mit waghalsigen Flügen beharken sich die ständigen Konkurrenten Seeschwalbe und Austernfischer.

Schließlich, nach ungefähr drei Stunden erlebnisreicher Wanderung, schließt sich der Kreis. Die verbrauchte Energie lässt sich reibungslos am Kuchenbuffet des Cafés wieder aufladen. Für Wohnmobilisten wie mich zum Schluss noch ein Tipp: Die freundliche Wirtin bietet an, gegen ein sehr moderates Entgelt auf dem Parkplatz übernachten zu dürfen, inklusive Stromanschluss und Duschmöglichkeit. Na, wer fährt denn da noch weiter!

Im grauen Sand am blauen Meer – Südislands Gletscherwelt

Rund 300 Kilometer Tourabschnitt im Anblick der beiden großen Gletscher Vatnajökull sowie Mýrdalsjökull liegen vor mir. In der Kleinstadt Höfn setze ich den Startpunkt. Im Großen und Ganzen folge ich der Ringstraße Nr. 1, von einigen Abstechern abgesehen, mal an die Küste, mal ins Bergland. Schließlich lande ich in dem Dorf Skógar mit dem berühmten Skógafoss, in dessen direktem Anblick dieses Kapitel auch entsteht.

Zurück nach Höfn. Nachdem ich kurz von der Ringstraße abgebogen bin, erreiche ich die Stadtgrenze des Ortes mit seinen 1600 Einwohnern. Ein vollständiges Versorgungszentrum mit einer großzügig angelegten Straßenoptik erwartet mich. Ein großes Schwimmbad sowie ein Supermarktkomplex beherrschen das Bild. Daneben fallen die zahlreichen Grünanlagen auf, deren Küstenwege zu ausgedehnten Spaziergängen einladen, vom Stadtrand bis hinunter an den Hafen. Bei einigermaßen gutem Wetter genieße ich dabei permanent die hervorragende Aussicht auf den Vatnajökull. Die Touristeninformation, an der ich auf meinem Spaziergang automatisch vorbei komme, dient gleichzeitig als Heimatmuseum, die sogenannte Gamlabúð. Steigen Sie hinauf in die erste Etage und erleben Sie neben mannigfaltigen Exponaten und Dokumenten per Film die vulkanischen Aktivitäten der Region. Gleich gegenüber vom Eingang stehen Sie auch schon am Pakkhúsið, dem Schifffahrtsmuseum. Auf dem Rückweg zum Parkplatz beim Supermarktzentrum werfe ich noch einen Blick auf und in die weiße erst 2013 eingeweihte katholische Kirche. Man muss sie schon suchen, so unauffällig gliedert sie sich in Schwimmbadnähe in das Stadtbild ein.

In Höfn gewinne ich aber auch den Eindruck, in eine neue, die touristische Welt des Südislandtourismus einzutauchen. Vorbei ist es mit der Ruhe und Abgeschiedenheit der Ostfjorde. Äußerlich kann man diese Impression an der Anzahl der Touristenunterkünfte aller Art, an dem sehr stark frequentierten Campingplatz am Ortsrand und an der Vielzahl an Restaurants und Ähnlichem festmachen. Gestützt wird diese Wahrnehmung durch die Argumente der Mitarbeiterinnen in der Touristeninformation: „Wir sind der Start- oder der Endpunkt der meisten unserer Gäste. Aus der östlichen Region, von der Fähre Seyðisfjörður her kommen die Touristen mit eigenem Wohnmobil oder Pkw. Hier starten sie ihre Südislandtour Aus der westlichen Richtung, in der Regel direkt aus Reykjavík, erreichen uns die meisten Gäste, ebenfalls per gemieteten Wohnmobilen oder Pkw. Darüber hinaus mangelt es nicht an Reisebussen.“

Gleich hinter Höfn bietet sich dann auch die erste Gelegenheit zu einem direkten Gletschererlebnis. Ich biege ab von der Ringstraße Richtung Hoffell (Straße Nr. 984). Robuste Fahrzeuge können die vier Kilometer auf der Schotterstraße heil überstehen. Bei anderen Fahrzeugen bietet sich eher die Wanderung bis zur Gletscherzunge des Hoffelsjökull an.

Man muss dazu erläutern, dass die Gletscherzungen von Europas größtem Gletscher, dem Vatnajökull, ebenfalls als Gletscher/Jökull bezeichnet werden. Vom diesem östlichen bis zu einem der westlichen, dem Siðujökull, können allein in Südisland immerhin zwölf solcher Gletscherzungen betrachtet und erwandert werden.

Auf Schusters Rappen mache ich mich also auf. Nach rund einer Stunde ist die Gletscherzunge erreicht. Von einem Hügel aus blicke ich auf das schwarzgraue Eisfeld mit dem Gletschersee davor. Irgendwo in der Ferne verschwindet diese ständig fließende Eismasse dann hinter einer Bergkuppe. Weiter klettere ich an der schroffen östlichen Eiskante entlang, soweit es geht bzw. soweit man es sich ohne entsprechende Ausrüstung für Gletscherwanderungen zutrauen darf, bis hinauf zum Hoffelsfjall. Auf dem Rückweg zum Wohnmobil denke ich noch lange über dieses erste direkte Gletschererlebnis nach, über die Urgewalten der Natur, aber auch über die immer rasanter werdenden Schmelzprozesse der Eismassen.

Vestrahorn bei Höfn

Auf dem folgenden Weg zur Eislagune Jökulsárlón biege ich noch einmal kurz in Richtung Meer ab zur Siedlung Hali zur Þorbergssetur. Eigentlich gehört das Anwesen zur Kategorie mondäner Landhotels. Doch widmet es sich im hauseigenen Museum dem isländischen Schriftsteller Þórbergur Þórðarson (1888 bis 1974). Vom Schiffskoch zum anerkannten Autor reicht seine Lebensleiter. Neben Isländisch schrieb er überwiegend in der weltumspannenden Sprache Esperanto. Bekannt wurde er mit seinem Spruch: „Der grundlegende Ton unserer Existenz zeigt sich in harmlosem Humor". Wenn das nicht eine Einladung zum Museumsbesuch ist!

Nach weiteren 80 Kilometer auf der Ringstraße erreiche ich die Eislagune Jökulsárlón, ein Highlight eines jeden Islandbesuches.

Amphibisches Strandeis mit Refill

Oh, welch ein Besucherandrang! Im Vergleich dazu strahlt ein gut besuchter Jahrmarktplatz relative Ruhe aus. Menschen vieler Nationen geben sich hier ein Stelldichein. Der eigentlich großzügig dimensionierte Parkplatz bietet kaum noch Platz für weitere Fahrzeuge. Mehrere Touranbieter laden ein zu kürzeren oder längeren Bootsrundfahrten auf der Lagune.

Sehr lange existiert der größte und tiefste Gletschersee Islands, der 18 Quadratkilometer groß und bis zu 248 Meter tief ist, erstaunlicherweise noch nicht. Bis 1930 reichte die Gletscherzunge des Breiðamerkurjökull, einem südlichen Ausläufer des Vatnajökull, noch fast bis ans rund acht Kilometer entfernt liegende Meer heran. Also zog sie sich Jahr für Jahr um knapp 90 Meter zurück, d. h. rund 25 Zentimeter täglich. Der ständige Schmelzprozess lässt den See unaufhörlich wachsen. Spätere Besuchergenerationen werden die Gletscherzunge wohl nur noch rudimentär zu Gesicht bekommen.

Für eine einstündige Bootsrundfahrt wähle ich die Gesellschaft Jökulsárlón Ferðaþjónusta (icelagoon.is). Ihre gelben Amphibienfahrzeuge stechen optisch hervor. Alle 15 Minuten startet solch ein Boot zur Seerundfahrt, was die Wartezeiten erträglich macht. Online-Ticketreservierung ist gleichfalls möglich.

Etwa 25 Teilnehmer, alle mit Schwimmwesten und Sicherheitsbelehrung versehen, fasst das offene Boot (oder ist es ein Bus?). Über eine Sandpiste nähern wir uns der Lagune. Hinab geht es einen relativ steilen Abhang, schon schwimmen wir im Eiswasser. Ein Sicherungsboot begleitet uns die gesamte Fahrtdauer über.

Ziel der Fahrt ist nicht die weit entfernt liegende Gletscherkante, sondern das Kreuzen zwischen den schwimmenden Eisbergen. Der See ist voll davon. Alle unterschiedlichen Formen der Eisberge zu beschreiben, würde den Rahmen dieses Kapitels sprengen, von „Kathedrale", „Dolomitenspitzen'" über fußballfeldgroße Plattformen bis zum „Hundekopf", jede gedankliche Fantasie findet hier ihre Anregung.

Zum optischen gesellt sich der geschmackliche Genuss. Haben Sie schon einmal Gletschereis gelutscht? Als Eisbrocken in einem Getränk löst es sich achtmal so langsam auf wie ein gewöhnliches Stück Eis. So dicht und luftleer presst ein Gletscher über die Jahrtausende hinweg seine Bestandteile.

Viel zu schnell vergeht die amphibische „Schwimmstunde" im vier Grad kalten Wasser. Bald schon klettern wir über die Uferböschung wieder an Land und halten fest: Es ist ein einzigartiges Erlebnis, die schwimmenden, bis zu 40 Meter in den Himmel ragenden Eisberge aus allernächster Nähe vom Amphibienfahrzeug aus betrachten zu können.

Das Refill-Erlebnis gibt es anschließend (oder im Vorwege) auf der anderen Straßenseite am Strand Breiðamerkursandur. Die Eisberge treiben aus der Lagune allmählich durch einen mehr oder minder breiten Wasserlauf unter einer Straßenbrücke hindurch ins offene Meer hinaus.

Doch verschwinden sie nicht irgendwo am meist dunstigen Horizont. Der Gezeitenwechsel treibt sie bei auflaufender Flut nur wenige Meter von der Flussmündung entfernt wieder zurück an den Strand. Dort schaukeln sie sich im feinen Lavasand fest und schmelzen letztendlich still vor sich hin. Dieses nie endende Naturschauspiel (Refill-Effekt) lockt eine große Zuschauermenge an. Mutige wagen sich auf einen dieser Eisklumpen, wenn er nah genug am Ufer vor sich hin dümpelt. Ein Hotspot für Selfies!

Eine der folgenden Gletscherzungen, diejenige des Gletschers Öræfajökull, umfahre ich auf der ebenen Halbinsel Öræfi. Weit und eben präsentiert sich die Landschaft. Eine kleine zum Meer führende Stichstraße mit Ingólfshöfði ausgeschildert (etwa 30 Kilometer westlich der Eislagune) bringt mich an ein weiteres lohnendes Ziel: eine Traktorfahrt zur Vogelbeobachtung auf das so benannte Kap.

Keine Fahrt ohne Furt

Mitten in der Marschlandschaft lädt das Unternehmen FromCoastToMountains (fromcoasttomountains.com) zu einer Puffin Tour ein. Per Traktorgespann mit offenem Anhänger tuckern wir auf ein Felseiland zu. In den frühen Morgenstunden versteckt es sich noch ein wenig im Morgennebel, wobei erste blaue Streifen am Himmel eine Wetteraufklarung andeuten.

Die Insel kann für eine solche Fahrt meist nur bei Ebbe erreicht werden. So heißt es kurz nach der Abfahrt, den Gletscherfluss in einer breiten Furt zu durchqueren. Interessiert beobachten wir, wie sich Traktor- und Anhängerräder durch Wasser und Lavaboden quälen. Kurz darauf erreichen wir das tief schwarze Lavawatt. Hügelig geht es auf und ab. Viele Furte, Pfützen und größere Wasseransammlungen müssen durchquert werden. Doch stetig rückt die Felsinsel näher, nunmehr schon recht deutlich erkennbar.

Nach rund 30 Minuten stehen wir vor dem Felsgebilde mit seiner 76 Meter hohen schroffen Felskante. Eine Düne müssen wir noch hinaufklettern in das Natur- und Vogelschutzgebiet.

Unter sachkundiger Führung, immer darauf bedacht, die Nester und Vogeleier von Bodenbrütern nicht zu beschädigen oder gar zu zerstören, tauchen wir ein in das grüne Paradies. Zunächst begegnen wir großen braunen Raubmöwen. Ihre Attacken auf uns Eindringlinge bleiben nicht aus. Schutz bietet eine gute Mütze oder ein in die Höhe gehaltener Wanderstock, denn sie greifen stets den höchsten Punkt an.

Auf der Felsriffkante beim orangen Leuchtturm entdecken wir dann das eigentliche Ziel dieser Tour, die bunten Papageientaucher. Die umliegenden Felsen bieten Schutz für eine wunderbare Kolonie dieser Vögel. Rund 3000 Paare nisten hier. Emsig schlüpfen sie aus ihren Höhlen, stürzen sich von den Klippen in die Lüfte hinab aufs Meer, kehren nach nur wenigen Minuten zurück, meistens mit kleinen Fischen im Schnabel, watscheln zurück in ihre Behausungen, bis dass das Spiel nach wenigen Minuten von Neuem beginnt. Die Jungvögel sind eben unersättlich.

Beim Rundgang kann man sich fragen, wer eigentlich neugieriger ist, Mensch oder Papageientaucher. Ziemlich dicht kann man sich ihnen nähern, ohne dass sie fortfliegen. Dabei beäugen sie ihr Gegenüber intensiv.

Eine Stunde Rundgang, der Guide mahnt zum Aufbruch, nicht zuletzt wegen des auflaufenden Wassers. Wieder müssen Furte und Priele durchquert werden. Das Wattgebiet ist auf der Rückfahrt bereits von einer geschlossenen Wasserfläche bedeckt. Nach gut drei Stunden und voller eindrucksvoller Erlebnisse betreten wir wieder die Hauptinsel.

Fazit: Es muss nicht immer nach „Abenteuer" riechen, nach „Adrenalinstoß" schmecken. Auf dieser Tour öffnet sich eine authentische Natur- und Tierbeobachtungsfacette – sehr empfehlenswert.

Keine Fahrt ohne Furt

Auf der Papageitauchertour

Weit ist es nun nicht mehr bis zum nächsten Zwischenstopp (mit Übernachtung), dem Skaftafell. Diese Gegend gehörte bis zu den 1970er-Jahren zu einer der isoliertesten Regionen Südislands. Erst mit dem Bau der Brücke über die unendlich weiten Sandfelder von Skeiðarársandur, quasi einem Lückenschluss auf der Ringstraße, entwickelte sich der Tourismus. Und wie! Ein großes Informationszentrum zum Nationalpark, das Vatnajökulsþjóðgarður, wurde errichtet. Ähnlich wie an der Eislagune herrscht großer Andrang. Wanderer, Eiskletterer, Snowmobilenthusiasten, sie alle geben sich hier die Klinken der verschiedenen Touranbieter in die Hand. Selbst wenn man deren Dienste nicht in Anspruch nehmen möchte, allein die natürliche Schönheit der Natur mit ihren Wandermöglichkeiten machen das Skaftafell zu einem lohnenden Zielpunkt für Outdoor-Aktivitäten.

Nach der endlos ebenen Sandprärie, dem Skeiðarársandur, jedoch vor dem Dorf Kirkjubæjarklaustur, wo dieser Teilabschnitt erst einmal endet, bleiben noch einige kleinere Anlauflaufpunkte. Wer noch einmal das Phänomen einer Gletscherzunge betrachten möchte, der biege bei dem Schild Kvíamýrarkambur ab. Gleiches bietet sich nur einige Kilometer weiter bei dem Hinweis auf Háalda. Oder wie wäre es mit der bizarren Felsformation, Dverghamrar. Vielleicht reizt auch noch der einem Brautschleier ähnliche Stjórnarfoss. Wie gesagt, alles kleine Besichtigungsperlen am Wegesrand zum Mýrdalsjökull bzw. dem 150 Einwohner zählenden Dorf Kirkjubæjarklaustur.

Wanderungen beim Nationalparkzentrum Vatnajökulsþjóðgarður

Ich folge dem Wanderweg hinauf zum Svartifoss. Frühaufsteher genießen den Vorteil, auf einsamer Strecke den Berg hinaufsteigen zu können. Von spätestens 10 Uhr bis etwa 19 Uhr bewegt sich nämlich eine Wandererkarawane bergauf und wieder bergab. Die Ruhe der erwachenden Natur ist Lohn für frühes Losmarschieren. Nach ungefähr 45-minütigem, teils steilem Anstieg stehe ich vor dem gewaltigen Wasserfall. Aus 20 Metern Höhe rauschen die Wassermassen hinab. Eingerahmt sind sie auf beiden Seiten von hohen schwarzen Basaltsäulen. Auf dem Weg hinauf komme ich gleichfalls an dem nicht so mächtigen, dennoch sehenswerten Hundafoss vorbei. Sicherlich kann man lediglich auf direktem Weg zum Wasserfall und wieder zurück wandern. Doch warum nicht Ausweitungen vornehmen? Zum einen folgt der ebenfalls ausgeschilderte westliche Weg dem Flusslauf der beiden Wasserfälle (Rundweg ab Infozentrum dann insgesamt zwei bis 2,5 Stunden). Zum anderen gibt es auch eine östliche Route über die sogenannte Sjórnanípa-Heide (Rundweg ab Infozentrum dann insgesamt 2,5 bis drei Stunden). Besonders diese Tour bietet einen hervorragenden Ausblick auf den Skaftafellsjökull mit den nahen Gebirgszügen.

Eine zweite Wandertour (gleichfalls rund 30 bis 45 Minuten einfache Strecke) führt mich auf überwiegend ebenem Weg zur Gletscherzunge des Skaftafellsjökull. Dort angekommen, überquere ich noch den vorgelagerten Sander. Somit sind die Eismassen zum Greifen nahe, wäre da nicht noch der Gletscherfluss. Je mehr ich mich dem Gletscher nähere, desto stärker spüre ich die vom Eis ausströmende Kälte. Auch hier brauche ich nicht den gleichen Weg zurück zum Infozentrum zu nehmen, sondern wähle die angezeigte Alternativstrecke. Sie ist nur unwesentlich länger.

Skaftafell mit Nationalparkzentrum – hierfür darf man nicht zu wenig Zeit einplanen. Es zahlt sich aber aus.

Trotz seiner wenigen Einwohner bildet das Dorf ein Zentrum für die Region und den Südislandtourismus mit besuchenswertem Informationszentrum. Bei genügend Zeit rate ich zu einer Kurzwanderung am nördlichen Ortsende zum Systrafoss, so benannt wegen der Ordensschwestern des ehemaligen hier ansässigen Klosters (ca. 1186 bis 1544). Vom Namen her damit zusammenhängen könnte auch die Basaltformation Kirkjugólf, auch „Kirchenboden" genannt. Sechseckige Basaltquader in

Wanderung zum Skaftafjellsjökull

einer Wiese (ausgeschildert) ähneln in der Tat einem Kirchenboden. Vielleicht vergessen Sie auch nicht die Gedächtniskapelle für Jón Steingrímsson. Bekannt wurde er durch seine „Feuerpredigt" am 20. Juli 1783, als der Laki-Vulkankrater wieder aktiv wurde. Diese Predigt, wie andere auch, sollte das Dorf vor einer Katastrophe bewahren. Es heißt, dass die Lava den Ort verschonte und stattdessen ihren Weg durch das Flussbett der Skafta nahm.

Bis zum zwar kleineren, dennoch mindestens ebenso bekannten Gletscherbruder, dem Mýrdalsjökull habe ich nunmehr noch rund 100 Kilometer vor mir, d. h. bis zum Ort Vík í Mýrdal. Einfach durchrollen? Dafür liegen zu viele kleinere Sehenswürdigkeiten am Wegesrand. Nur fünf Kilometer hinter Kirkjubæjarklaustur biege ich von der Ringstraße Richtung Gebirge ab, um der Ausschilderung Fjaðrárgljúfur zu folgen. Dahinter verbirgt sich nach ebenso rund fünf Kilometer rumpeliger Sandstraße ein tief eingeschnittener Canyon. Gut einen Kilometer folgt der Pfad den Berg hinauf entlang der 100 Meter tiefen Schlucht. Dann stehe ich vor dem sehr engen Canyoneingang. Direkt hinein gelangt man nur in regenarmen Perioden, in Island eher eine Seltenheit.

Allmählich beginnen in den Lavaebenen auf dem schwarzen Erdboden Lupinenpflanzen zu sprießen, links und rechts am Wegesrand, auf Einheiten so groß wie Fußballfelder oder gar größer. Inmitten dieser schwarz-bunten Pracht stoße ich auf eine Kuriosität. Man muss dazu wissen, dass Isländer die nicht nur bei Touristen sehr beliebte Angewohnheit Steinmännchen zu bauen, überhaupt nicht mögen. Ihre Abneigung dagegen soll sogar so weit gehen, dass bereits erbaute Steinfiguren wieder eingerissen werden, so die Auskunft eines Bewohners in Kirkjubæjarklaustur. Laufskálavarða, eine ausgeschilderte Attraktion unweit von dem Etappenziel Vík í Mýrdal entfernt, bietet hingegen ein ganzes Dorf dieser unbeweglichen Bewohner. Vielleicht gilt es als übertrieben, dass hier ausnahmsweise extra zum Bau der Steinfiguren aufgefordert wird. Doch dieses steinerne „Figurendorf" mitten in der Lavaebene strahlt schon etwas Paradoxes aus.

Je näher ich der südlichsten Stadt Islands, nämlich dem bereits erwähnten Vík í Mýrdal (Ortsname bedeutet „Bucht am sumpfigen Tal") komme, desto frequentierter wird die Ringstraße durch Reisebusse, von anderen Verkehrsteilnehmern ganz zu schweigen. Das Städtchen im Schatten des Mýrdalsjökull mit seinen rund 350 Bewohnern hat aber auch einiges Sehenswertes zu bieten. Von Osten kommend, treffe ich als erstes Hjörleifshöfði. Urplötzlich erhebt sich aus der schwarzgrünen Lavalandschaft wiederum ein anmutiger Inselberg (221 Meter hoch). Schon vor der Ortseinfahrt wird die kleine Kirche auf einem Hügel sichtbar. Im Dorfzentrum, wo nicht nur das touristische Leben pulsiert, öffnet ein Einkaufszentrum seine Pforten, u. a. mit dem Geschäft für Outdoor-Bekleidung, Iceland Wear mit Factory Tour im Obergeschoss. Direkt hinter dem EKZ steht unübersehbar das Schild „Black Sand Beach". Hier also kann ich ihn hautnah erleben, von den beschriebenen Lavaebenen einmal abgesehen. Fein rieselt das klein geriebene Lavagestein durch die Hände.

An der Felsküste im westlichen Strandabschnitt ragen drei Felsnadel empor, die Reynisdrangar. Im Volksmund stellen sie drei versteinerte Trolle dar, welche versuchten ein Schiff an Land zu ziehen. Natürlich ergeben diese Felsformationen ein ausgezeichnetes Fotomotiv. Doch steigen Sie doch einmal einfach die Straße empor zur Kirche. Von dort aus ergibt sich eine noch bessere Aussicht. Und wer es noch toppen möchte, am Ende des dortigen Sandweges hügelaufwärts einige hundert Meter weiter lassen sich Kirche und versteinerte Trolle auf ein Foto bannen – ein unschlagbarer Ausblick.

Gletscher von innen

Haben Sie schon einmal einen Gletscher von innen erlebt? Ich meine, nicht eine irgendwie geartete, künstlich gebaute Gletscherhöhle, sondern eine von der Natur geschaffene Eishöhle. In Vík í Mýrdal bietet sich diese Gelegenheit. Mit dem Reiseanbieter Troll Expedotions (troll.is), der sich auf diese Abenteuertouren spezialisiert hat, lasse ich mich auf ein solches Erlebnis ein und zwar am (besser: im) Kötlujökull.

Dabei handelt es sich um einen Gletscher im Vulkansystem der Katla. In einem geländegängigen „Superjeep" mit besonders hohen Rädern startet diese Drei-Stunden-Tour am Restaurant The Soup Company (thesoupcompanyiceland.com). Rund 30 Minuten dauert die aufrüttelnde Fahrt über die Endmoränen des sich zurückziehenden Gletschers, über schwarze Lavafelder und durch saftig grüne Wiesen. Die Berge links und rechts am Wegesrand werden mit jedem Kilometer schroffer. Umso erstaunter beobachten wir die Schafe, die an diesen Steilhängen ihr Futter suchen. Noch ein, zwei scharfe Biegungen auf der Lavapiste, schon stehen wir dem Eiskoloss direkt gegenüber.

Die Szenerie könnte einem Hollywoodfilm entlehnt sein. In „Game of Thrones" spielen auch einige Szenen in dieser Umgebung. Urwüchsige Natur umgibt uns. Die Farbe Schwarz dominiert, gesprenkelt mit weißen Punkten, den unter der Lavaasche verborgenen Eisklumpen. Bevor die Gruppe unter sachkundiger Führung losmarschiert, hüllen wir uns ein in dicke Jacken, Schal, Mütze und Handschuhe, legen wir Kettenschuhe an und stülpen Schutzhelm und Stirnleuchte über.

Einen Eingang in die angekündigte Eishöhle können wir allerdings nicht entdecken, nur einen halboffenen Eiskrater. Je dichter wir kommen, umso besser erkennen wir Details. Zunächst fallen uns diverse Leitern aller Größen und mobile Holzstege auf, unerlässliche Hilfsmittel zur Höhlenerkundung. Am Höhleneingang selbst erspähen wir eine Geröllhalde aus Eisklumpen mit Lavasand gemischt.

Der Aufstieg über diese Halde zum Eingang ist anstrengend. Ohne die Kettenschuhe wären wir verloren. Halteseile bieten Unterstützung. „Vor wenigen Tagen konnte man noch die ins Eis geschlagenen Stufen benutzen", erläutert unser Gletscherguide. Doch der ständige Schmelzprozess habe diese schnell wieder unpassierbar gemacht. Außerdem sei ein Eisbogen zusammengebrochen, deshalb all dieses Eis-Lava-Geröll. Der Gletscher verändere sich eben stetig, fährt er fort.

Schließlich, oben angekommen, blicken wir in ein tiefschwarzes Loch, die eigentliche Höhle. Ohne unsere Stirnlampen und einen Taschenscheinwerfer müssten wir umkehren. Mehr tastend und schlitternd als gehend dringen wir ein ins Eisunbekannte. Unter den Sohlen knirscht der Lavasand, der das Eis immer wieder bedeckt. Von allen Seiten rinnt Schmelzwasser. An den Eisvorsprüngen stehst du wie unter einer Dusche ohne Warmwasserhahn. Trittfestigkeit ist Voraussetzung, um weiter einzudringen. Denn statt ebener Pfade gibt es an den seitlichen Absätzen nur fußbreite Trittmöglichkeiten, mal spiegelglatt, mal abgestumpft. Bloß nicht ausrutschen, denn die Durchgangsmitte ist belegt durch den Schmelzwasserbach. Mehrmals müssen wir ihn mithilfe von Brettern überqueren, Balanceakt pur.

Dort, wo wir auf einer Plattform einmal stehen bleiben können, blicken wir in die Höhe. Bedrohlich wirken Gletscherspalten im Licht unserer Stirnlampen. Die Gedanken kreisen um einen möglichen Kollaps der verschiedenen Eisblöcke. Jedes Knirschen lässt zusammenzucken. Die Eismassen arbeiten so aktiv, dass regelmäßig neue, sichere Gänge durch den Gletscher erschlossen werden müssen, nicht zuletzt mithilfe der Leitern und mobilen Holzstege. Wie in einem Bergwerk erblicken wir Männer, die mit Spitzhacken aktiv das Eis bearbeiten. „So prüfen wir Stabilität und Durchlassmöglichkeiten auf unseren Tourstrecken", erklärt der Guide. Seine Ruhe wirkt ansteckend. Viel anderes bleibt allerdings aber auch nicht übrig hier mitten im Gletscherbauch.

Das uns umgebende blinkende Eis ist ca. 800 Jahre alt. Denn so lange dauert es, bei einer Eiskappenstärke zwischen 80 und 150 Metern, bis eine Schneeflocke durch immer neuere Schneeschichten zu kompaktem Eis gepresst worden ist. Doch an Letzterem mangele es, erläutert der Gletscherführer. Der Klimawandel treffe auch die isländischen Gletscher in seiner ganzen Wucht. Die Gletschereismasse werde immer dünner, rissiger und brüchiger.

Ein heller Punkt in der Ferne kündigt den Ausgang an, denken wir. Ihn erreichen wir nach einigen weiteren Rutsch- und Klettermomenten. Allerdings ist es kein Ausgang aus der Höhle selbst, sondern hinein in einen Gletscherkrater mit freiem Blick in den Himmel. So stehen wir in dem Krater einer in sich zusammengebrochenen ehemaligen Gletscherkuppe. Es sieht aus wie in einem Steinbruch, hier schwarze Lavahügel, dort lose Eisbrocken. Die Sonneneinstrahlung in die trichterförmige Einkerbung verstärkt den Schmelzprozess um ein Vielfaches.

Zurück geht es schließlich auf dem gleichen Weg durch die pechschwarze Eishöhle. Selbst wenn man durch den Hinweg nunmehr einiges an Trittsicherheit hinzugewonnen hat, die Erleichterung am Höhlenausgang bleibt spürbar. Nach erfolgreichem Abstieg und Überquerung des Lavasanders entledigen wir uns der Höhlenausrüstung und schaukeln im Superjeep zurück zum Tourausgangspunkt.

Nach dem kalten Eiserlebnis bietet sich die „Lava Show" im Restaurant am Tourstartpunkt als Aufwärmprogramm an. Bei der Show (islandiclavashow.com) geht es heiß her. Im Showroom wird echte 1200 Grad heiße glühende Lava produziert. „Feel The Heat" steht als Überschrift über das rund 40 Minuten dauernde Showprogramm. Hierbei wird eine Vulkaneruption erzeugt, ähnlich denen des Eyiafjallajökull oder der Katla. Brodelnde, geschmolzene Lava fließt in den Raum. Wir als Zuschauer sitzen drum herum. Es bietet sich in der Tat eine einzigartige Gelegenheit, rot-heiße Lava einmal aus unmittelbarer Nähe zu erleben, wie sie fließt, welche Hitze sie ausströmt, wie sie in der Fließbewegung knistert, dann erstarrt und abkühlt. Dieser Prozess wird sachkundig bis hin mit Momenten eines gelungenen Entertainments vom Showmaster kommentiert. Eine wirklich einzigartige Erfahrung.

Wem dann immer noch nicht warm genug ist, oder wer Hunger verspürt – die ausgezeichnete Küche der Soup Company hält für jeden Geschmack das entsprechende Süppchen bereit, von Fisch über Fleisch bis vegetarisch. Die auf dem Gaumen brennende Lavasuppe darf bei der Suppenauswahl natürlich auch nicht fehlen. Auf Wunsch werden die Teller kostenfrei nachgefüllt. Guten Appetit!

Am westlichen Ortsrand lockt eine nächste Attraktion die Besucher an, Reinisfjara. Vor tief blauem Meer und weiß aufschäumender Gischt, die auf schwarzem Lavastrand bricht, fällt der Blick in zwei überdimensionale Basalthöhlen. Doch Achtung: Sie können nur bei nicht zu stark aufgewühltem Meer erreicht werden.

Schließlich noch, bevor der Abschnitt Vík í Mýrdal endet, lohnt noch ein wenig weiter westlich Dyrhólaey, der südlichste „Festlandspunkt" Islands. Ehemals war die Felsspitze von einem Leuchtturm bebaut. Heute erinnern Ruinen an diese Epoche. Doch die Aussicht auf Meer, Felsen und Gebirgsnatur ist einfach unübertrefflich.

Was bleibt zum Schluss dieses Tourabschnittes? Skógar, ein Minidorf eingeklemmt zwischen dem Mýrdalsjökull und dem Eyjafjallajökull. Hut ab vor den beiden Museen, dem Heimatmuseum und dem Museum für Transport und Kommunikation. Das Heimatmuseum hat neben seinen Innenausstellungen neben der wohl größten Sammlung Islands an Spinnrädern („Alles Spenden", wurde mir versichert) einen bemerkenswerten Freiluftbereich mit seinen Gras bewachsenen Torfhöfen.

Glatt vorbeifahren an diesem Ort würde man wohl, wäre dort nicht der sehr bekannte Skógafoss beheimatet. Aus 60 Metern fallen die Wasser in die Tiefe bei einer Breite von 25 Meter. An der östlichen Seite beginnt der bekannte Fernwanderweg Laugavegur. Gehen wir hinauf und betrachten den Wasserfall noch einmal von oben. Wer den Wanderweg fortsetzt, gelangt schließlich bis nach Þórsmörk bzw. Landmannalaugar.

Doch diese beiden Naturparadiese ebenso wie eine intensivere Betrachtung der Vulkanwelt bzw. der Vestmannaeyjar/Westmännerinseln heben wir uns für das nächste Kapitel auf.

Eingang zur Gletscherhöhle

Neue Erden betreten – Vulkanisches Island

„Neue Erden betreten“ – ein Druckfehler? Mitnichten! Der Streckenabschnitt zwischen Hvolsvöllur bis Hveragerði, von wenigen Abweichungen abgesehen, hauptsächlich die Ringstraße Nr. 1 entlang, lässt mich dieses Gefühl auskosten. Denn erdgeschichtlich kann man von „geologischen Neugeburten“ sprechen. Einige tausend Jahre sind unter diesem Aspekt weniger als ein hauchdünnes Stück Seidenpapier. Genau auf einen solchen Landschaftstypus treffe ich hier in der Vulkanregion Südislands.

Um mich einzustimmen, besuche ich in Hvolsvöllur zunächst das neu errichtete Lavazentrum (an der Ringstraße nicht zu übersehen). In unmittelbarer Nähe zu den Gletschern Mýrdalsjökull und Eyjyfjallajökull sowie zu den Vulkanen Katla und Hekla gelegen, vermittelt es in beeindruckender Weise Grundlagen zum Verständnis der vulkanischen und tektonischen Prozesse Islands. Dabei stellt die Katla, die sich unter der 200 bis 700 Meter dicken Eisdecke des Mýrdalsjökull verbirgt, nicht einen Einzelvulkan dar, sondern bildet quasi den zentralen Punkt einer rund 100 Kilometer langen Vulkankette von der Felsenschlucht Eldgjá im Nordosten bis zu den Westmännerinseln im Süden. Nach wie vor arbeitet der Vulkan sehr aktiv,

Vulkankarte im Lavatzentrum Hvolsvöllur

d. h. in den letzten 1000 Jahren gab es 20 Vulkanausbrüche, also statistisch zwei pro Jahrhundert. Die letzte große Eruption ist wissenschaftlich für 1918 belegt, kleinere Ausbrüche 1955 und 1999. Und jedes Mal bedecken neue Lava-(Erd-) Schichten den Boden.

Westmännerinseln

Zurück zum Lavazentrum – die dortige Ausstellung erstreckt sich auf vier Säle mit jeweils eigenem Aspekt. Diese Säle sind verbunden durch Erlebniskorridore, in denen Islands Vulkangeschichte abgebildet wird. Können Sie sich eine Magmaquelle vorstellen? Die Nachbildung einer solchen ist in einem der Säle zu sehen. Im angrenzenden Korridor werden Sie dank optischer Täuschung in das Tunnelinnere einer fließenden Magmakammer versetzt. Begeben Sie sich in den Saal „Schauplatz der Vulkane" mit seinem Panoramablick auf die fünf Vulkane, denen Hvolsvöllur täglich ins Auge blickt. Bei gutem Wetter können Sie diesen Anblick zusätzlich live von der Aussichtsterrasse aus erleben. Vulkane erzeugen bekanntlich Erdbeben. Auf verschiedenen Displays lassen sich die gemessenen Erdbeben der letzten 48 Stunden in der Region, d. h. in diesem Katla-Geopark, beobachten mit Angaben zu Höhenverschiebungen der Erdoberfläche. Wie bezeichnet sich Europas größtes Vulkanzentrum selbst? – Iceland's hottest spot. Dem ist nichts hinzuzufügen.

Auswirkungen von Island als vulkanischem Hotspot gibt es dann zum Beispiel in natura auf den Westmännerinseln zu beobachten. Hierfür fahre ich einige wenige

Kilometer auf der Ringstraße zurück in östliche Richtung bis zur Abbiegung nach Landeyjahöfn. Von hier aus bringt mich die (Auto-)Fähre in rund 40 Minuten auf die bewohnte Hauptinsel Heimaey. Insgesamt zählen 18 Inseln zu diesem Archipel, inklusive des weltjüngsten Eilands Surtsey.

Gut 4000 Einwohner zählen Insel und gleichnamiger Ort. Zu besichtigen gibt es Zahlreiches. Das eigene Fahrzeug benötigen Sie eigentlich nicht. Die Attraktionen im Ort selbst sind bequem zu Fuß zu erreichen. Für außerhalb liegende Anlaufstationen empfehle ich eine Busrundtour sowie eine Bootsfahrt.

Außerhalb vulkanischer Betrachtungsweisen widme ich mich zunächst dem Sealife Trust (im Gebäude der Touristeninformation). Aquarium sicherlich, vorwiegend aber Tierschutzstation für verletzte oder zum Beispiel durch Öl verschmutzte Papageientaucher. Das Hauptaugenmerk dieser Non-Profit-Einrichtung ruht jedoch auf den beiden Belugawalen „Little Grey“ und „Little White“. Dabei schwimmen die beiden Wale nicht in einem Aquarium herum, sondern tummeln sich in einer natürlichen, geschützten Meeresbucht. Ihr Lebensraum ist 3,2 Quadratkilometer groß und mehr als zehn Meter tief – mit subarktischem Umfeld, das die für sie

Tanz auf dem Vulkan

passenden Lebensbedingungen bietet. Per Videoübertragung lässt sich ihr Spiel beobachten.

Gleichfalls noch nichts mit „vulkanischem Leben“ hat die Landakirkja in der Ortsmitte zu tun, eine der ältesten Kirchengebäude Islands (1778). Ein Spaziergang über die dem Hafen am nächsten gelegenen Lavafelder bringt mich zudem noch zur ehemaligen Festung Skansinn mit der norwegischen Stabkirche (ein Geschenk Norwegens aus dem Jahr 2000) und der Hütte Landlyst (erste ehemalige Entbindungsstation von 1847).

Aber schon geht es hinein in die Vulkangeschichte der Insel. Sie gehört zu den jüngsten unseres Erdballs. 1973 verschüttete der Vulkan Eldfell mit seinen Lavaströmen Teile der unterhalb liegenden Stadt. Dank rascher Evakuierung gab es keine menschlichen Opfer zu beklagen. Auf diesen erkalteten Lavaströmen, den „neuen Erden“, spazieren heute Einheimische und Besucher.

„Pompeji des Nordens“ nennt sich das Eldheimar Museum direkt gegenüber dem Vulkanberg gelegen. Es erinnert eindrucksvoll an jene Eruption und ihre Auswirkungen. Dabei wurde die Gedenkstätte um verschüttete und aus der Lavaasche wieder ausgegrabene Häuser herum gebaut. Im Außengelände können weitere zur Hälfte freigelegte Gebäude besichtigt werden. Gemeinsam mit den dokumentarischen Anteilen vermittelt die Einrichtung ein lebendiges Bild der damaligen Situation. Nicht vergessen möchte ich das Volkskundemuseum beim Rathaus. Auch hier widmet sich eine Abteilung dem Vulkangeschehen, legt den eigentlichen musealen Themenschwerpunkt jedoch auf die volkskundliche Geschichte der Inselgruppe.

Nur zehn Jahre vor dem Ausbruch des Eldfell wurde durch einen Unterwasservulkan die Insel Surtsey geboren. Es blieb nicht bei einer einzelnen Eruption, sondern die explosionsartigen Ausbrüche setzten sich fort bin Juni 1967. Es soll der längste Vulkanausbruch in Islands Geschichte gewesen sein. Über die Surtsey Research Society bleibt ein Inselbesuch jedoch eher Wissenschaftlern vorbehalten.

Auf einer Busrundtour werden auch noch einige außerhalb der Stadt gelegenen Aussichtspunkte angelaufen, an denen sich zum Beispiel Papageientaucher dem Spiel mit dem Wind hingeben. Balance halten, heißt es am windigsten Kliff Europas. Oder stapfen wir noch einmal durch tiefe Lavaasche, dort, wo der Vulkan sein Zerstörungsspiel begann. „Die Insel vor der Insel“ – für einen Tagesbesuch ist sie fast zu umfangreich.

Þórsmörk – Schlucht Stakkholtsgjá

Auf dem Rückweg nach Hvolsvöllur und der Weiterfahrt nach Hella gönne ich mir noch einen kleinen Abstecher nach Keldur (ca. 15 Kilometer ins Binnenland auf Straße Nr. 264, teilweise Schotterstraße). Einen winzigen, lohnenden Ausschnitt isländischer Geschichte erlebe ich hier, auch wenn die Anfahrt recht lang erscheint. Achten Sie einmal auf die „Kellerkuhle", die wohl im 12. Jahrhundert auch als verbogener Schutzraum gedient hat.

Ein zweiter Abstecher gilt dem Hekla-Zentrum (etwas abseits der Straße Nr. 26, die kurz westlich hinter Hella beginnt). Der Vulkan Hekla hatte seinen letzten Ausbruch erst im Jahr 2000. Das Zentrum beherbergt eine zeitgenössische Multimediaausstellung, zeigt menschliches Leben unter den Ein- und Ausflüssen der Vulkaneruptionen von Beginn der Besiedlung Islands an bis zur Gegenwart. Dabei wird immer wieder von den eruptionsbedingten Sandstürmen gesprochen.

Der Ort Hella selbst bietet sonst keine weiteren Besuchsziele. Er kann jedoch als Versorgungszentrum gut genutzt werden. Außerdem gibt es hier Zusteigemöglichkeiten für die Bustagestouren (aus Reykjavík) in das Naturschutzgebiet Þórsmörk sowie nach Landmannalaugar. Beides sind Topreiseziele, welche nur über teilweise sehr raue Schotterstraßen mit etlichen Furten zur Durchquerung so manchen Gletscherflusses zu erreichen sind. Aus den vielen Touranbietern wähle ich Sterna Travel (sternatravel.com) für beide Touren, nicht zuletzt auch wegen der positiven Erfahrung vergangener Islandreisen mit diesem Unternehmen.

Bustouren ins Binnenland

Tour 1: Þórsmörk

(reine Fahrtzeit ab/bis Hella 9 Uhr bis 11:45 Uhr bzw. 18 Uhr bis 20:15 Uhr; Vergleich ab/bis Reykjavík 7:15 Uhr bis 21:45 Uhr)

Das Tal wird von drei Seiten von Gletschern eingeschlossen, u. a. von dem Tindfjallajökull und dem Eyjafjallajökull. Seinem Namen „Wald des Thors" macht die Natur zumindest in den tiefer gelegenen Abschnitten alle Ehre. Denn der Blick auf die kahlen Berghänge (eigentlich ist Þórsmörk ein Bergrücken) und die Gletscher bleiben bei den Wanderungen unverstellt, zumindest bei klarer Sicht. Damit sind wir bei der Hauptattraktion des Gebietes: Wandern, eintägig, mehrtägig, variantenreich.

Für die aktuelle Tour habe ich folgende Strecke gewählt: Busausstieg bereits in Þórsmörk Básar. Das ist eine Station vor der Endhaltestelle Þórsmörk Volcano Huts. Beide Stationen haben mehr oder minder Restauration und Campingplatz im Angebot. Von Þórsmörk Básar aus wandere ich an den teilweise saftig grünen Berghängen entlang bis nach Þórsmörk Volcano Huts. Die Route ist markiert und insgesamt sechs Kilometer lang. Von diesem Zwischenstopp aus geht es auf der Schotterstraße (auch gleichzeitig Busroute) immer am verzweigten Gletscherfluss Krossá entlang bis zum Eingang des Canyons Stakkholtsgjá. Allergisch gegen nasse Füße darf man dabei nicht sein, denn die Flussarme müssen mehrere Male durchquert werden. Was der Hochradbus problemlos kreuzt, heißt für den Wanderer Springen von Stein zu Stein, sofern vorhanden. Aber irgendwie geht es immer, wenn auch hin und wieder nicht direkt an der Straße, sondern ein wenig seitab. Die Streckenlänge von der Busstation bis zum Canyon beträgt etwa drei Kilometer.

Im Canyon selbst heißt es auch wieder Steinehüpfen, denn der Weg führt manchmal an der Flussbettseite, an den Felswänden, öfter jedoch mitten über die trockenen Abschnitte des Flussbetts entlang. Überquerungen der Wasserarme gibt es gratis dazu. Wenn alle Bedingungen stimmen, endet der Canyonbesuch an einem rauschenden Wasserfall. Zurück geht es anschließend wieder bis zum Canyoneingang (mit Bank-Tisch-Kombination) und Rückkehr zur Busstation Þórsmörk Volcano Huts.

Diese komplette Tour umfasst rund zwölf nicht immer einfache Wanderkilometer. Für den, der sich die Gesamtstrecke nicht ausschließlich zu Fuß vornehmen möchte, bieten sich folgende Alternativen: Er erkundet zunächst gut zwei Stunden lang die Umgebung von Þórsmörk Básar, nimmt dann den Mittagsbus um 13 Uhr bis zur Abzweigung nach Þórsmörk Volcano Huts und wandert von dort aus zum Canyoneingang (etwa ein Kilometer). Bei Absprache mit dem Fahrer kann man sich dort abends auch wieder aufsammeln lassen, oder eben direkt in Þórsmörk Volcano Huts.

Ich sprach von „Bedingungen" besonders beim Canyonbesuch. Außer, dass es wenig Lust macht, bei Regen, Nebel, Sturm und Kälte eine derartige Wanderung zu unternehmen, birgt eine negative Wettersituation auch Gefahren in sich. Abgesehen davon, dass die Aussichten auf Gletscher und Gipfel dann oft trübe bleiben und sich gen Null neigen, behindert rasch aufkommender Nebel auch die Orientierung. Im Canyon selbst zeigt er sich oft so dicht, dass die Felswände nur noch erahnt werden können. Selbstredend herrscht im Canyon fast immer Wind. Dieser kann sich zur Stärke einer wahren Windmaschine entwickeln, was den Wandergenuss erheblich einschränkt. Also nur bei Sonnenwetter wandern? Nicht unbedingt, denn auch durchgehender Sonnenschein birgt so manche unvorhergesehene Tücke in sich.

So ergeht es mir auf der geschilderten Wandertour: Die sommerlich mittägliche Sonneneinstrahlung lässt das Gletschereis in einem erheblich intensiveren Maße schmelzen als „normal". Das hat zur Auswirkung, dass die Flussarme mehr Wasser führen als üblich. So bleibe ich dieses Mal nach der guten Hälfte der Canyonwanderung an einem unüberwindbar geworden Wasserlauf stecken. Es hilft nichts, umzukehren bleibt als einzige Möglichkeit. Diese Schilderung soll die Leserschaft nicht von einer Wanderung abhalten. Doch rechnen Sie zur eigenen Sicherheit immer mit Unvorhergesehenem.

Tour 2 Landmannalaugar

(reine Fahrtzeit ab/bis Hella 9 Uhr bis 12 Uhr bzw. 18 Uhr bis 20:15 Uhr; Vergleich ab/bis Reykjavík 7:15 Uhr bis 21:45 Uhr)

Auch diese Destination im „Land der bunten Berge" zeichnet sich als Topwanderziel aus, nicht nur weil man sich von dort aus an einem stetigen Blick auf den Vulkan Hekla erfreuen kann. Als zentraler und immer mal wieder aktiver Vulkan mit die Umgebung gestaltetendem Format (Entstehung „neuer Erden") gilt allerdings der Torfajökull.

Wie auch in Þórsmörk kann ich unter mehreren Wandervarianten auswählen. Unter anderem beginnt (oder endet) hier der berühmte mehrtägige Trekkingweg Laugavegur. Der Tageswanderer beschränkt sich auf einen der Rundwege mit verschiedenen Längen und Schwierigkeitsgraden. Er kann wählen unter Touren zwischen zwei bis drei Stunden, vier bis fünf Stunden oder gar fünf bis sechs Stunden. Die Kilometer spielen dabei keine Rolle, sondern die Schwierigkeitsgrade der Wanderungen. Alle Tourvorschläge sind an der Busstation bzw. der Wanderhütte ausgeschildert. Im Prinzip sind es unterschiedliche Ausweitungsschleifen einer hauptsächlichen Wanderroute.

Für dieses Mal wähle ich die „Lavaroute" (von mir so getauft). Sie beginnt gleich hinter der Hütte. Steil führt der Weg hinauf durch ein erstes Lavafeld. Oben angelangt, bietet sich dann bald eine wunderbare Sicht auf die „bunten Berge". Sie bestehen teils aus graublauem Pechstein, teils aus Rhyolithgestein oder Quarztrachyt, die auch streckenweise wegen Schwefel- und Kalkausfällungen graue, bläuliche und weiße Farbgebungen zeigen. Einfacher ausgedrückt: Farbenfrohe, unübertreffliche optische Erlebnisse.

Bergabwärts führt es mich in ein breites Tal. Von dem Abzweigangebot wähle ich die Variante (nach rechts) einen weiteren Berg wieder hinauf. Denn an den Hängen brodelt es verheißungsvoll. Weiße Rauchschwaden steigen gen Himmel empor, der Schwefelgeruch nimmt zu. Also hinauf ins Thermalgebiet mit seinen Fumarolen und Schlammtöpfen. Wen der Geruch nicht stört, der kann hier oben auf einem Zwischengipfel auf einem der Felsen sicherlich eine aussichtsreiche Picknickpause einlegen, bevor er sich entscheidet, den Berg weiter hinaufzuklettern oder sich nach links, ein wenig bergabwärts, zu wenden.

Diese Variante wähle ich dieses Mal, um mich ausgiebig dem großen Lavafeld Laugahraun widmen zu können. Trittsicher sollte man sein, ebenso schwindelfrei. Denn der kleine markierte Pfad (eigentlich ist es ein Klettersteig) führt mich mitten durch diese schwarze Naturpracht. Entlang geht es am Rand der Schlucht Grænagil. Wenn ich mir vorstelle, dass dieses heute „tote" Gestein einmal glühende, sich unaufhaltsam voranschiebende Lavabrocken waren …

Allmählich gelange ich hinab in die Breite der Schlucht, in ihr steinernes Flussbett. Nun ist es nicht mehr weit bis zum Ausgangspunkt. Von den Anstrengungen dieser rund vierstündigen Tour (inklusive der Stopps an den Aussichtspunkten) erhole ich mich zunächst bei einem Kaffee in der Mountain Mall. Drei ehemalige Militärbusse wurden hier in Hufeneisenform zusammengestellt und beherbergen einen kleinen Laden sowie ein Café. Der Muskelentspannung dient das anschließende Bad in dem „warmen Tümpel" neben der Berghütte (dem Holzbohlenweg folgen).

Zwei Tagesausflüge, die man nicht auslassen sollte. Ich drücke der Leserschaft die Daumen für adäquates (Wander-)Wetter. Denn sonst könnte es an den beiden Tourzielen doch recht ungemütlich werden.

Nur gut 30 Kilometer sind es zum folgenden Etappenziel, bis nach Selfoss. Den sich von hier aus anbietenden Abstecher (Straße Nr. 35) zum Krater Kerið und zur Bischofskirche Skálholt nehme ich in das Kapitel „Golden Circle" auf.

Als Stadt mit 7100 Einwohners kommt der Ort eher untouristisch, industriell daher. Sein Erscheinungsbild ist geprägt durch Neubauten. Die jüngsten Erdbebenkatastrophen aus den Jahren 2000 und 2008 zwangen zu architektonischen Neugestaltungen.

Doch lohnt ein kurzer Zwischenstopp am Bobby-Fischer-Zentrum. Schachenthusiasten ist der Name ein Begriff, den anderen wie mir nur bedingt. Wir erinnern uns: Der 1943 geborene Amerikaner Bobby Fischer hebelte die Kette der russischen (damals sowjetischen) Schachgroßmeister aus und schlug sensationell Boris Spassky. Das Turnier fand zwar in Reykjavík statt; bei Selfoss hingegen verbrachte Fischer seine letzten Lebensjahre. Hier ist auch sein Grab zu finden. Das Museum selbst dient heute noch als Spielstätte für Schachturniere.

Bevor wir uns einem weiteren Ort mit vulkanischer Tradition zuwenden, wollen wir noch einen kleinen Einblick in die Bewohnerstruktur dieser gebeutelten Landschaft gewinnen, zumindest hinsichtlich der Bergbewohner der isländischen Welt der Legenden. Die Rede ist von Trollen, Geistern und Feen. Gelegenheit hierfür finde ich im Fischerdorf Stokkseyri, etwa zehn Kilometer südlich von Selfoss (Straße Nr. 34, Richtung Meer). Ein ehemaliger Industriekomplex dient als optische und akustische Geisterbahn. Zusätzlich beherbergt das umfangreiche rote Gebäude noch ein Hostel, eine Kunstgalerie sowie ein Veranstaltungszentrum mit Restauration. Offiziell nennt sich die museale Abteilung Ghost Centre. Man sollte sich vor Augen halten, dass in den historischen isländischen Sagas Geister- und Feenerscheinungen schon immer eine große Rolle gespielt haben. Auf 24 Stationen erlebe ich vierdimensional unterschiedliche Geistergeschichten. Ergänzt wird die Show durch das Northern Light Cinema mit seinen Erläuterungen zu diesem Naturphänomen Aurora Borealis. Und so bleibt doch noch etwas von Selfoss in Erinnerung.

Sicherlich nicht in Vergessenheit gerät der letzte Stopp auf diesem Streckenabschnitt. Ich spreche von der Stadt mit eigenem Thermalgebiet im städtischen Park, von Hveragerði. Alles lebt von und mit dieser Naturattraktion, Wirtschaft wie

Landmannlaugar – Land der bunten Berge

Reittour zu einer heißen Quelle

Tourismus. Mit seinen vielen geothermisch betriebenen Gewächshäusern gilt die Stadt als Islands größtes Anbaugebiet für Obst und Gemüse. Zu übersehen sind die Glasbauten in der Ortsmitte nicht. Gleich unterhalb der modernen Kirche, man riecht es bereits, entdecke ich die zügelnden weißen Dampfwolken des Thermalparks. Auf ausgewiesenen Wegen (nicht verlassen, da sonst Lebensgefahr!) schlendere ich durch die Wasserdampfwolken, vorbei an verschiedenen Quelllöchern und dampfenden Bachläufen. Höhe- und Mittelpunkt ist zweifelsfrei der stadteigene Geysir. An der Rezeption gibt man gern Auskunft, wann er seine heiße Fontäne wieder emporschießen lässt. Wie wäre es mit Brot backen bzw. Eier kochen über dem heißen Dampf? Auch angenehm warme Füße darf man sich im wärmenden Quellbad holen.

Beim Rundgang werden Sie sich eventuell fragen, warum viele der Quelllöcher weder sprudeln noch Wasser beinhalten, geschweige denn dampfen. Das hängt ganz einfach mit dem Erdbeben von 2008 zusammen. Diese Erdstöße haben nämlich einen guten Teil der Quellen versiegen lassen. Dafür bahnt sich der Wasserdampfdruck nun seine Bahnen in den umliegenden Hügeln, teilweise auch in privaten Gärten. Scannen Sie einfach optisch die nahen Bergrücken. Was da aufsteigt, ist nicht der Rauch eines Waldbrandes, sondern ein neu entstandenes Quellloch. Eine Wanderung führt Sie nach Reykjadalur, wo Sie im warmen Fluss baden können. Das gesamte Erdbebendrama spiegelt sich wider in der Ausstellung Skjalftinn 2008. Zu finden ist sie beim Touristenbüro im Einkaufzentrum. Wenn Sie wissen möchten, wie sich ein Erdbeben der Stärke 6,3 auf der Richterskala anfühlt, betreten Sie das aufgebaute Haus, einen Erdbebensimulator.

„Neue Erden betreten“ nannte ich dieses Kapitel. Vieles hatte dabei handfesten, praktischen Bezug, manches Neue zielte auf das Wissen um die Entwicklung von vulkanischen Erscheinungen. Vulkanismus und Erdbeben begleiten die Bewohner Islands und ihre touristischen Gäste auf Schritt und Tritt. Eigentlich liegt nun Islands Hauptstadt Reykjavík praktisch zum Greifen nah vor mir. Nur noch rund 50 Kilometer verbleiben bis zur Großstadt. Doch bevor wir uns ihr widmen, schlagen wir im nächsten Kapitel noch einen Bogen ins bergige Binnenland, zu drei Topzielen der Insel.

Tierischer Ersatz

Bei rund 480 Pferden auf dem Gestüt Eldhestar (eldhestar.is) sind für längere Reittouren stets ein oder mehrere Pferde als „Ersatz“ mit auf der Strecke. Eldhestar mit seinen isländischen Vulkanpferden liegt am Ortsrand von Hveragerði direkt an der Ringstraße (Nr. 1) nur gut 30 Autominuten westlich von Reykjavík entfernt.

Bevor ich mich einer der zahlreichen Reittouren widme, noch ein kurzes Wort zum Islandpferd. Es gilt als der Schlüssel zur Natur, Kultur und Geschichte des Landes. Mit den ersten Wikingern im 9. Jahrhundert kam auch das Islandpferd aus England mit auf die Insel und ist seitdem von hier nicht mehr wegzudenken. Im Gegensatz zu den „üblichen“ Artgenossen beherrscht diese Pferderasse zu den bekannten drei Gangarten (Schritt, Trab, Galopp) zusätzlich noch mindestens den weltberühmten „Tölt“. Diese Gangart zeichnet sich durch seine Gemütlichkeit für den Reiter aus. Eigentlich ist es noch „Trab“, aber in höherer Geschwindigkeit manchmal auch bereits „Galopp“.

Vertrauen wir uns also diesem lebhaften Pferdetemperament mit der freundlichen Wesensart zu einem Ausritt an, bei dem sich auch ungeübte Reiter, wie der Autor, sicher fühlen und den sanften Tölt erleben können.

Aus der Vielzahl der angebotenen Reittouren (zwischen zwei Stunden und sieben Tagen) wähle ich eine Tagestour mit Namen „Hot Spring Tour". Gut sechs Stunden wird sie dauern, unterbrochen zunächst von kleineren Pausen zur Erholung für die Tiere und das menschliche Sitzfleisch der meist im Reiten ungeübten Teilnehmer (zwischen acht und 72 Jahren). Als Einführung erhält die Gruppe eine Sicherheitsbelehrung, sucht sich einen passenden Reithelm aus und, sofern nötig, auch einen regensicheren Anzug (Jacke mit Hose). Erläutert werden einige Kommandos, um die Tiere später in Bewegung zu bringen, anzuhalten oder sie in die vorgesehene Richtung laufen zu lassen. Schließlich wird jedem Teilnehmer ein Pferd zugeteilt, mit dem man sich meist durch Streicheln oder Tätscheln bekannt macht, um so eine Verbindung zwischen Mensch und Tier herzustellen. Die Gutmütigkeit der Islandpferde lässt schnell jegliche Berührungsscheu vergessen.

Mit einem zusätzlichen Ersatzpferd wird anschließend unter freundlich geduldiger, fachkundlicher Führung am Gestüt selbst gestartet (morgens zwischen 9 und 10 Uhr). In einem weiten Bogen umreiten wir durch Felder und einen kleinen Wald das Städtchen Hveragerði. Von diesem hügeligen Reitpfad aus können die verschiedenen Thermalquellen der Stadt bzw. deren Dampfwolken noch einmal von oben gesichtet werden. Zum Teil reiten wir so dicht an den schwefeligen Dampfwolken vorbei, dass wir von ihnen eingehüllt werden. Talauf, talab schlängelt sich der Weg. In den Tälern werden verschiedene Bäche und Flüsschen durchwatet, was auch eine gute Gelegenheit für die Tiere zum Trinken ist. Das saftige Gras am Wegesrand lockt die Pferde allerdings mehr als das eigentliche Ziel für die Mittagspause, das Reykjadalur. Doch bis dorthin müssen noch viele Weidegatter geöffnet und eine Reihe von Bergsteigungen hinter sich gebracht werden. Auf den steileren Wegen, hinauf wie hinab, heißt es absitzen und die Tour, das Pferd am Halfter mit sich führend, zu Fuß fortsetzen. Somit sind nicht nur Ross, sondern auch Reiter ständig in Bewegung.

Gegen Mittag wird das Ziel, die heiße Quelle samt Flussverlauf im Reykjadalur erreicht. Den Pferden wird hier eine knapp 90 Minuten dauernde Fress- und Verschnaufpause gegönnt. Die Reiter nehmen ihre mitgebrachten Badesachen und das Lunchpaket in die Hand, wandern über eine letzte Bergkuppe, um sich anschließend im warmen Thermalwasser zu pflegen. Je näher ich mich an die eigentliche Quelle mit 100 Grad setze, umso heißer wird das Wasser natürlich. Gut ausgebaut ist diese Badestelle mit ihren Holzplanken, Trennwänden fürs Umkleiden und den mit weichem Gras bewachsenen Uferstreifen. Zwar nicht einsam, aber himmlisch erholend gestaltet sich diese Tourunterbrechung.

Körperlich und mental für den Rückweg wiederhergestellt, macht die Gruppe sich allmählich auf Richtung Gestüt. Das Auf- und Absitzen ist nunmehr bereits quasi Routine geworden. Die Freude darüber, heil „oben" sowie „unten" angekommen zu sein, wird dadurch allerdings nicht geschmälert.

Bei gleichem Hin- und Rückweg unterscheiden sich die Ausblicke doch erheblich. Der Rückweg mit seinen „Aufs" und „Abs" bietet, besonders bei gutem Wetter, spektakuläre Blicke über die Umgebung bis hin zum Meer. Langweilig wird es nie. Im Gegenteil: Nunmehr bereits ein wenig ans Reiten gewöhnt, bleibt mehr Raum für die wunderbaren Aussichten. Öfter als auf dem Hinweg verfallen die Pferde in die Gangart „Tölt". Der heimatliche Stall ruft, hat es den Anschein, die Erwartung auf „Feierabend". Dabei vergessen die Tiere allerdings nicht, vom Gras am Wegesrand immer wieder naschen zu wollen. Es bedarf dann schon einiger Erfahrung, die Situation „Tier lenkt Mensch" umzukehren. Pferde besitzen glücklicherweise einen Herdentrieb, sodass sie letztendlich den Artgenossen irgendwann automatisch folgen.

Gegen 16:30 Uhr erreichen wir schließlich wieder das Gestüt. Schon fast wie ein geübter Reiter lässt man sich von seinem Pferd hinabgleiten, bringt Sattel, Helm und Regenkleidung an den richtigen Ort und genießt zum Schluss den Kaffee mit Kuchen in der Cafeteria (Lunchpaket und Nachmittagskaffee im Preis inbegriffen).

Was bleibt als Erinnerung? Ein wunderschöner, naturnaher, erlebnisreicher Tag, nicht zuletzt auch durch den stets aufgeschlossenen und informativen Tourguide. Diese oder eine andere Tour kann ich nur weiterempfehlen. Wer nach einem solchen Ausritt keine Lust mehr verspürt weiterzureisen – das gestütseigene Hotel mit Restaurant hält seine Türen geöffnet.

Þingvellir

Geboren im Goldenen Ring

Gehört hat sicherlich bereits jeder von diesen Sehenswürdigkeiten. In Tagestouren, besonders von Reykjavík aus, steuern unzählige Islandreisende sie täglich an, sei es per Tourismusbus, sei es im eigenen Fahrzeug. Ich spreche von Þingvellir und dem weltbekannten Geysir sowie dem Wasserfall Gullfoss.

Als Startpunkt für diese knapp 180 Kilometer lange Rundtour wähle ich Hveragerði, den letzten Ort des vorangegangenen Kapitels. Von hier aus sind es nur gut 50 Kilometer bis zum ersten Ziel Þingvellir. Zehn Kilometer geht es zunächst östlich „zurück“ auf der Ringstraße, biege ins Binnenland ab auf die Straße Nr. 35, der ich weitere zehn Kilometer folge, bis ich die Straße Nr. 36 erreiche. Spätestens an dieser Abzweigung ist mein erster Zielort ausgeschildert.

Þingvellir gilt als Geburtsstätte der Nation Island. Erwarten Sie kein historisches Museum. Es handelt sich um einen Nationalpark mit vielfältigen Erläuterungen zur Geschichte Islands. Der Eintritt zum Nationalpark ist frei, dafür wird eine (Tages-) Parkgebühr erhoben. Dem Wetter angepasste Kleidung und Wanderschuhe gehören unbedingt zu Ihrer Ausrüstung, denn Sie verbringen die Zeit ausschließlich im Freien. Es sei denn, Sie möchten nichts erkunden außer das Welcome Centre, den Shop und die Cafeteria. Aber ausschließlich deshalb sind Sie wohl nicht hierher gekommen.

Ihre Zeitplanung obliegt ausschließlich Ihnen (und dem Wetter). Unter zwei Stunden Rundwanderung lohnt die Anfahrt nicht. Persönlich plane ich vier bis fünf Stunden ein, was mir die Gelegenheit bietet, mich auch von den Touristenströmen zu lösen und in die umgebende Bergwelt hinein zu wandern.

Da es keine festen Öffnungszeiten für den Nationalpark gibt, beginne ich morgens recht früh mit meinen Erkundungen, gegen 7 Uhr. Der Tag beginnt sonnig, es herrschen gute Fotobedingungen mit dem Morgenlicht. So marschiere ich quasi noch allein hinein in die historische Natur.

Þingvellir – in dem Namen stecken die Worte „Þing/Versammlung“ und „Vellir/Ort, Platz“. Ich stehe also an dem historischsten Ort Islands, dort, wo im Jahr 870 die Nation buchstäblich gegründet wurde. Das geschah also noch vor der Wikingerzeit (ab etwa dem Jahr 1000). Somit begann die „Versammlung der Regierungschefs“ der einzelnen Clans. Jährlich traf man sich. Warum ausgerechnet dieser Ort? Er liegt geschützt von drei Seiten in Bergketten geborgen, offen hin nur nach Islands größtem See, dem Þingvallavatn. Für alle Þingteilnehmer soll er gut zu erreichen gewesen sein. Einen Versammlungsvorsitzenden gab es nicht, lediglich einen sogenannten „Sprecher“. Er besaß ausschließlich lenkende, repräsentative Funktion, keine Regierungsgewalt. In den Jahrestreffen hingegen wurden durch die Clanführer allgemeingültige Gesetze erlassen, deren Durchsetzung dann wiederum nicht einer Staatsgewalt oblag, sondern dem Individuum überlassen blieb. Insofern kann bereits zu diesem Zeitpunkt von Ansätzen unser heutigen demokratischen „Gewaltenteilung“ gesprochen werden, also rund 1000 Jahre vor der amerikanischen Demokratiebewegung oder der französischen Aufklärung.

Im ersten Teil dieser Wanderung gelange ich ziemlich unmittelbar nach dem Welcome Centre an die Almannagjá. Diese zu durchquerende Schlucht mit ihren bis zu 100 Meter hohen Felswänden teilt geologisch die Kontinente Nordamerika von Eurasien. Der Teilungsprozess ist auch heute noch aktiv. Rund 2,5 Zentimeter im Jahr driften wir auseinander. Die Gedanken rechnen hoch: in zehn Jahren werden es dann 25 Zentimeter sein, in der statistischen Lebenserwartung des einzelnen Menschen (84 Jahre) demnach rund 2,10 Meter. Geologisch gedacht, entspricht diese Entwicklung einer unglaublich rasanten Geschwindigkeit. Achten Sie auf dem Weg einmal auf das große „Wegeloch“. Es ist am 31. März 2011 entstanden, höchstwahrscheinlich, weil sich durch die Gesteinsverschiebung ein großer Felsbrocken im Weg gelöst hat und in die entstandene Kluft gefallen ist.

Für die moderne, aktuelle Welt spielt diese Schlucht eine Rolle in dem Fantasy-Epos „Game of Thrones“, dessen Handlung im fiktiven Mittelalter angesiedelt ist, dessen Themenspektrum Macht, Krieg, Liebe, Rache und Verrat zwischen verfeindeten Adelshäusern umfasst. Kaum ein Land auf der Welt verfügt über so einen Naturreichtum wie das nordische Land. Lavafelder, reißende Flüsse, Vulkane, mächtige Gletscher und heiße Quellen – perfekte Schauplätze für das Fantasy-Epos. Denn Island ist ein Land mit geballter Natur, wilder Schönheit und Einsamkeit. Insofern bietet sich dieser magische Ort Þingvellir mit der Almannagjá/ Allmännerschlucht mit Geschichte für Dreharbeiten geradezu an.

Allmählich öffnet sich der Schluchtenweg. Schon bald können Sie entscheiden, ob Sie die kürzere Route oder die ausgedehntere wählen möchten. Die kürzere führt direkt hinunter zur Kirche mit den vier Häusern. Die längere, mal über einen Sandweg, mal über Holzbohlenstege, aber immer entlang des Flusses Öxará, geradeaus zum Öxarárfoss. Die Wissenschaft geht davon aus, dass es sich um einen von

Þingvellir – amerikanisch-eurasische Erdplatten

Menschenhand angelegten rund 20 Meter hohen Wasserfall handelt. Eben zu jener Epoche der frühen Þingversammlungen konnte so die Trinkwasserversorgung der in die Zehntausende gehenden Teilnehmer gesichert werden.

Bevor ich die rauschenden Wassermassen bewundern kann, erfahre ich unterwegs Weiteres über die seinerzeitige Rechtsprechung und deren Durchsetzung, besonders über Hinrichtungsmethoden. Zimperlich ging man nicht mit den Delinquenten um. Frauen wurden in der Regel in den tieferen Stellen des Öxaráflusses ertränkt. Im späteren Mittelalter waren auch Hexenverbrennungen an der Tagesordnung. Die männlichen Todeskandidaten wurden entweder von hohen Felsen gestürzt. Oder lassen Sie den Blick einmal auf die Felsspitzen der Schluchtwände schweifen. So mancher abgeflachte Felsbrocken hoch oben diente als Hinrichtungsblock für Enthauptungen. Die engste Stelle der Schlucht wird auch „Galgenort“ genannt. Denn man hat über sie einfach einen dicken Balken gelegt als Galgen.

Mit diesen Informationen im Gedächtnis erhält so mancher wunderschöne Naturabschnitt doch ein wenig eine andere gedankliche Richtung. Letztendlich aber überwiegt die Naturschönheit. Also weitergewandert, Stück für Stück in das weite Tal hinein Richtung Kirchlein. Mit seinem grünen Dach bleibt es von fast jedem Ort aus weithin sichtbar. Auf dem Weg dorthin überquere ich hier und da eine Holzbrücke. Verlaufen kann man sich nicht. Alle Besichtigungsorte sind gut ausgeschildert, inklusive Entfernungsangaben. Nicht nur die Touristenanlaufpunkte findet man auf den Wegweisern, sondern auch Hinweise auf die verschiedenen Parkplätze. Wie ein Ring umschließen sie das touristische Þingvellir, sodass auch nicht so sehr Wanderbegeisterte die einzelnen Punkte ansteuern können.

Auf dieser Zwischenstrecke vom Wasserfall zur Kirche weiche ich gern immer wieder von dem ausgeschilderten Weg ab hinein in die Weite der Ebene. Wanderwege gibt es im Überfluss. Einer Ausschilderung bedarf es nicht. Ich richte mich einfach stets an einer der Bergketten aus. Je nach Lust und Kondition kehre ich dann am Fuße einer dieser Bergketten um. Das Auge findet schnell die Felsen der Schlucht Almannagjá oder den Kirchturm wieder. Mit diesen „Umwegen“ komme ich schließlich auf insgesamt rund zehn bis zwölf Kilometer wunderbare Strecke (sonst ca. drei bis vier Kilometer).

Þingvallakirkja – schön und anmutig, was sicherlich auch als Grund dafür herhalten muss, dass Teile der benachbarten Häuser dem jeweiligen isländischen Ministerpräsidenten als Sommerresidenz dienen.

Geysir

Ich stehe im Tal. Auf den oberen Bergterrassen und Aussichtspunkten tummeln sich mittlerweile (gegen 11 Uhr) Heerscharen von Touristen. Direkt bergan auf kürzestem Weg zurück zum Welcome Centre könnte ich über einige Sandwege, Brücken und Treppen gelangen. Doch mich reizt noch ein kleiner Umweg an die Ufer von Islands größtem See, dem 84 Quadratkilometer großen Þingvallavatn. Mit seinen Inselchen ist er vom Ufer aus wirklich reizvoll anzuschauen – ein wirkungsvoller Abschluss des Besuches des UNESCO-Weltkulturerbes Þingvellir.

Bevor die Tour zum Geysir weitergeht, hier noch ein Tipp: Wie bei der geschilderten Wanderung durch Landmannalaugar (vgl. vorheriges Kapitel) halten Sie Ihr Moskitonetz griffbereit, besonders bei anhaltendem Sonnenschein.

Knapp 80 Kilometer rolle ich weiter (Straßen Nr. 360, 365, 37, 35) zum nächsten Highlight, dem ebenfalls weltbekannten Geysir im vulkanisch aktiven Thermalgebiet Haukadalur. Fotos von ihm kreisen um den gesamten Erdball. Reiseunternehmen aus allen Ecken Europas bieten Tagesexkursionen an, in der Regel im Verbund mit den beiden anderen Topzielen. Vermarktet nennt sich das „Golden Circle Day Tour“. Diese Idee hat sich sicherlich seit Langem vergoldet, in Island selbst wie auch außerhalb.

Glücklicherweise schießt der Geysir, der Namensgeber aller weiteren weltweit bekannten Geysire, ganz regelmäßig seine heiße Fontäne in die Höhe. In der Regel alle drei bis zehn Minuten. So hält sich die Wartezeit in Grenzen. Trotz dieser Verlässlichkeit bleibt ein jeglicher Ausbruch eine spannende Angelegenheit, besonders für Fotografen. Welche Anzeichen für eine Fontäne gibt es, wird gerätselt. Ist es das auf-und abschwellende heiße Wasser der Quelle? Ist der Wasserhügel bereits gespannt genug, um aufzubrechen? Hat das über den Kraterrand schwappende Wasser ein weiteres Emporschießen des Wassers vielleicht verhindert? Manche teilweise sehr engagierte Diskussion der Zuschauer untereinander lässt dann doch mal einen Quellausbruch ohne Fotoresultat vorübergehen.

Laut zischend schießt das Wasser empor, meistens nur eine Fontäne, bis zu 30 Meter hoch. Schnell fällt sie darauf wieder in sich zusammen. Es lohnt, um den Geysir herum verschiedene Beobachtungspunkte einzunehmen. Jeder Standort birgt seine eigenen optischen Geheimnisse und Perspektiven. Nur die Windrichtung sollte man nicht aus dem Auge verlieren. Schneller als einem lieb sein kann, könnte man so in ein unerwünschtes Duschbad geraten mit den geruchsmäßigen Folgen von schwefeliger Feuchtigkeit. Der Autor spricht auch aus früheren Erfahrungen.

Auch für diese Attraktion wird kein Eintritt verlangt (Stand: 2019). Der Parkplatz bleibt ebenfalls – noch – gebührenfrei. Sofern Sie genügend Zeit erübrigen können und von Þingvellir nicht ganz ausgepowert sind, ist der Wanderweg auf den Berg im Hintergrund der Mühe wert. Auch falls Sie ihn nur teilweise erklimmen wollen, der Überblick über die Region präsentiert sich grandios.

Aller guten Dinge sind drei. Also auf zum Gullfoss. Die trockene Statistik spiegelt nur unzureichend seine Pracht wider: Zweistufig ist er. Zunächst fällt er elf Meter tief, dann 21. Der Wasserdurchfluss des Flusses Hvítá richtet sich nach Sommer (130 m^3/s) und Winter (109 m^3/s). Am Fuße des Wasserfalls in der canyonartigen Schlucht wird das Flussbett seit der letzten Eiszeit, also seit rund 10.000 Jahren, derzeit rund 25 Zentimeter im Jahr ausgefräst (weitere Hochrechnung: 2,5 Meter in zehn Jahren, d. h. 21 Meter pro statistischem Menschenleben).

Unbändig und wütend kommt der Wasserfall daher. In Exotik und Getöse übertrifft er gefühlt die Niagarafälle. Wie ein Fächer splittet er sich vor allem an der oberen Fallstufe auf. Seine untere Stufe gleicht einer Nase, von der die Gischt auf allen Seiten hinab strömt. Ein stetiger Tröpfchenschleier umhüllt den Schauenden, je nach Windrichtung.

Bis dicht an die Abbruchkante führt der Weg, viel über Treppen, mitunter auf Felsen. Optionen zum Fotografieren gibt es im Überfluss, wenn an den Absperrungen mal ein Plätzchen frei wird. Denn der Lindwurm der Touristen, den wir schon in Þingvellir bzw. am Geysir erleben konnten, schlängelt sich auch hier durch das Naturschutzgebiet bei ebenfalls freiem Eintritt sowie ohne Parkgebühren.

Bei aller wundervollen Betrachtung und unentwegtem Entzücken – beinahe wäre dieses Naturwunder in wirtschaftlichen Interessen wohl untergegangen. Im Jahr 1907 wollte ein Engländer den Gullfoss für Energiegewinnung erschließen. Der damalige Besitzer des Grundstücks, der Landwirt Tómas Tómasson, lehnte jedoch ein entsprechendes Kaufangebot ab mit den Worten „Ich verkaufe meinen Freund nicht“. Damit nicht genug. Sogenannte „ausländische Vertreter“ schlossen daraufhin einen Pachtvertrag über das Terrain ab. Schicksal oder Vorhersehung? Der Pachtvertrag lief 1928 aus, da die Pacht nicht mehr bezahlt wurde. Mit dem Beginn des Kraftwerkbaues war allerdings – glücklicherweise – nie begonnen worden. Die Bauerntochter Sigríður Tómasdóttir soll an dieser Entwicklung einen großen Anteil gehabt haben. Heute wird sie gern als erste „Umweltkämpferin“ betitelt.

Gullfoss

Über den Charme des Wasserfalls wollen wir seine Namensbedeutung nicht vergessen: Gullfoss – güldener Wasserfall, da in der Dämmerung oft goldene Abendröte auf das Gletscherwasser fällt. Bei genauerem Betrachten und günstigem Sonnenstand bildet sich ein Regenbogen an der zweiten Fallstufe. Auch dieses Phänomen soll angeblich als Namensgeber herhalten. Die dritte Begründung ist rein menschlicher Natur, wenn von einem reichen Bauern erzählt wird, der aus Angst vor Diebstahl eine Truhe mit purem Gold im Wasserfall versenkt haben soll. Egal, welcher Deutung Sie zuneigen, der größte Schatz bleibt der Anblick des Wasserfalls.

Der „Goldene Ring" endet hier. Wenn auch die Nation Island bereits vor rund 1100 Jahren „geboren" wurde, der „Goldene Ring" hingegen eine Erfindung des modernen Tourismusgeschäftes ist, sie sind nunmehr unzertrennlich miteinander verbunden.

Bis zum Ausgangspunkt der Tagestour nach Hveragerði verbleiben rund 75 Kilometer. Was halten Sie von weiteren, kurzen Unterbrechungen auf der Rückfahrt (Straße Nr. 35, Richtung Selfoss)?

Eine erste Gelegenheit bietet sich beim Gut Skálholt (ausgeschildert auf Straße Nr. 35). Nicht das Gut ist der Besichtigungsmagnet, sondern die ehemalige katholische Bischofskathedrale. Seit dem Jahr 1056, also seit ungefähr der Christianisierung Islands, sind die Namen der ehemaligen Bischöfe dokumentiert. Erst 1801, dann protestantisch wegen der Reformation, wurde der Bischofssitz nach Reykjavík verlegt. Die zu besichtigende heutige Kirche wurde allerdings erst zwischen 1956 und 1963 erbaut, in farbenfroher Schlichtheit.

Zum Tagesabschluss noch ein Naturphänomen, der Krater Kerið mit Kratersee (direkt an der Straße Nr. 35, zwölf Kilometer vor Einmündung in die Ringstraße). Umwandern kann ich ihn auf dem oberen Kraterrand. Ein Treppenweg führt 55 Meter hinab bis zum See mit Rundwandermöglichkeit. Wenn Sie auf dem Kraterboden ein ungutes Gefühl beschleicht, vor 5000 bis 6000 Jahren soll er zum letzten Mal aktiv gewesen sein.

Nun beschließe ich den erlebnisreichen Tag aber endgültig. Mein Blick richtet sich in der Fortsetzung der Tour in Islands Hauptstadt Reykjavík sowie die angrenzende westliche Halbinsel Reykjanes.

Hauptstadt mit Geopark

Wie gesagt, ab Hveragerði befindet sich Islands Hauptstadt in greifbarer Nähe. Großstadtflair kündigt sich an. Wer noch keine Lust darauf hat, umrundet vorweg die Halbinsel Reykjanes und taucht erst einmal ein in den gleichnamigen Geopark mit seinen Solfatarenfeldern, heißen Quellen und Lavalandschaften.

Mir ist noch nicht nach Großstadt, deshalb richte ich mich zunächst noch einmal gen Süden aus bis zum Hafenort Þorlákshöfn (Straße Nr. 38, dann 427) Nun, das Dorf sprudelt nicht gerade über vor Sehenswürdigkeiten, die Kirche direkt am Meeresufer, das imposante Sportcenter mit Schwimmbad, dann kann es auch schon weitergehen.

Auf halbem Weg zur Kleinstadt Grindavík (weiter auf Straße Nr. 427) bietet sich die Strandakirkja an. Sie gilt als Danksagung von in Seenot geratenen Schiffern. Diese hatten den Bau einer Kirche versprochen, wenn sie gerettet werden würden. Beides geschah im 12. Jahrhundert. Die dazugehörige Bucht heißt somit auch Engilsvik/Engelsbucht.

Die Stadt Grindavík selbst strotzt auch nicht gerade vor bemerkenswerten Anlaufpunkten. Schnell entdecke ich auf einem Hügel das Ehrenmal für die „auf See Gebliebenen“. Unübersehbar ragt eine moderne Kirche empor, die ältere liegt etwas versteckt am Rand des Ortszentrums. Doch Reykjanes glänzt auch nicht so sehr durch seine Küstenorte denn durch seine Landschaft, seine orangefarbenen Leuchttürme und seine Wandermöglichkeiten in Küstennähe oder im Gebirge.

Doch ein Schild wollen wir in dem Ort nicht übersehen: Bláa Lónið/Blaue Lagune (Straße Nr. 43). Sie gehört wohl mit zu den bekanntesten Attraktionen Islands. Kurz- und Langzeitreisende, Tagesausflügler und natürlich Einheimische tummeln sich in den warmen, dampfenden Fluten. Der riesige Parkplatz am Eingang ist entsprechend bestückt.

Wer nicht unbedingt ins Wasser hüpfen möchte, kann das Naturschauspiel gratis genießen. In der naturbelassenen Zone vor dem eigentlichen Eingang zum Badevergnügen wandelt es sich ausgezeichnet auf den Schotterwegen kreuz und quer durch die blauen natürlichen Lavateiche. Gleiches gilt für die Besucherterrasse im Bad selbst. Kostspielig wird es eigentlich erst, wenn man das Nass auch auf der Haut spüren möchte. Die Eintrittspreise richten sich nach dem gewünschten Paket. Das

Blaue Lagune

Komfortpaket kostet zwischen ca. 55 und 78 Euro, das Premiumpaket zwischen 78 und 101 Euro und das Retreat-Spa-Paket zwischen 460 und 554 Euro (Stand: 2020). Vorherige Buchung wird wegen des Andrangs sehr empfohlen.

Zurückgekehrt zur Straße Nr. 427, die kurz darauf zur Straße Nr. 425 wird, fahre ich weiter westwärts an der Südküste entlang bis zur Abbiegung der Straße Nr. 42 und folge der Ausschilderung Seltún. Hier macht der Geopark seinem Namen alle Ehre. Überall zischt, dampft und brodelt es. Leichter Schwefelgeruch wabert durch die Luft. So wandere ich über die ausgewiesenen Wege und Holzbohlensteige durch die erdgeschichtlich explosive Gegend, vorbei an heißen, blubbernden Lehmtümpeln, bergauf, bergab. Auf der vom Parkplatz aus gegenüberliegenden Straßenseite kann dann die Fortsetzung umrundet werden.

In dieser Südwestspitze brodelt es aber nicht nur bei Seltún. Nur wenig entfernt, auf einem fünf Kilometer langen Schotterweg zu erreichen (meerwärts halten), stoßen mehrere kochende Schlammtöpfe und heißen Quellen Geruch und dichte Rauchschwaden in die Luft. Eigentlich ist es ja ein Vulkan mit letztem Ausbruch im Jahr 1926. Dabei handelt es sich um das zentrale Hochtemperaturgebiet des Vulkansystems Reykjanes. Die Temperaturen unter den Quellen betragen über 300 Grad, somit stehe ich an der heißesten Stelle Südwestislands. Der Vulkan ist seit 2006 aktiver geworden. Eine Zufahrtsstraße musste 2008 gesperrt werden, weil mitten auf dem Weg eine neue Lehmquelle in Aktion getreten war. Außerdem hat Gunnuhver manchmal kleinere Schlackenausbrüche und schleudert dabei heiße Lehmfetzen zwei bis vier Meter hoch in die Luft. Zudem gab es Explosionen in der Quelle. Da diese unberechenbar ist und man nicht weiß, wie weit jeweils die sehr heißen Lehmfetzen geschleudert werden, ist es sehr zu empfehlen, sich in sicherer Entfernung zu halten.

Da geht es am in der Nähe liegenden Brimketill doch erheblich beschaulicher zu. Ein von der Natur geschaffener Lavapool etwas oberhalb des Meeresspiegels direkt an den Küstenfelsen bietet einen ruhig-harmonischen Anblick. Aus der Höhe kann er betrachtet werden, Baden bleibt eigentlich verboten.

Gudrun

Gunnuhvers geheimnisvolle Schönheit hat natürlich auch eine Legende um ihren Namen hervorgebracht. So wird erzählt, dass vor rund 400 Jahren auf dieser Halbinsel ein Weib mit Namen Gunna wohnte. Wegen eines eigenartigen Kessels, in dem immer etwas brodelte, verdächtigten sie die damaligen Bewohner allerdings der Hexerei.

Von dem Rechtsanwalt Vilhjálmur Jónsson hatte sie ein Haus gemietet. Irgendwann geschah es, dass Gunna die Miete nicht mehr bezahlen konnte. Als Ausgleich für die fehlende Miete nahm ihr der Hausherr den Kochkessel weg. Das erzürnte Gunna so sehr, dass sie sich mit einem Messer selbst umbrachte. Doch beim Begräbnis bemerkten die Sargträger auf dem Weg zum Friedhof, dass der Sarg eigentlich zu leicht war. Als man das Grab aushob, waren folgende Worte zu vernehmen: „Es lohnt nicht, tief zu graben. Ich habe nicht vor, hier lange zu liegen".

So geschah es, dass am folgenden Tag der Rechtsanwalt, ihr ehemaliger Vermieter, tot aufgefunden wurde. Alle Knochen waren ihm gebrochen worden. Gunna hatte sich gerächt. Doch der aufgebrachte Poltergeist war damit immer noch nicht zufrieden. Seine Rache weitete sich auf alle aus, die auf der Halbinsel lebten. Sie wurden von ihr terrorisiert. In ihrer Not suchten die Bewohner Hilfe bei einem Priester, der letztendlich eine erstaunliche Lösung gegen Gunnas Verhalten fand.

Er wusste nämlich, dass Gunna eine Schwäche für Wolle hatte. Auf den Rat des Priesters hin rollten die Einwohner an der heißen Quelle ein riesiges Wollknäuel teilweise ab, in der stillen Hoffnung, dass Gunna das andere Fadenende entdecken und danach greifen würde. Sobald dies geschehen war, sollte der Mutigste unter ihnen das Knäuel dann in die Öffnung der heißen Quelle schieben.

Es kam, wie gedacht. Gunna wickelte das Fadenende fest um ihren Arm. Ein Mann stopfte daraufhin das Wollknäuel in das Quellloch. Blitzschnell sog sich die Wolle voll mit heißem Wasser, wurde schwerer und schwerer, bis sie schließlich tief in die Erde hinein fiel. Schnell hatte Gunna die List bemerkt. Doch gelang es ihr nicht mehr, sich aus ihrer selbst gestellten Falle zu befreien. Hineingezogen wurde sie in den heißen Schlund, für alle Ewigkeit gefangen im Inneren der Erde. Seither ist diese Quelle als Gunnuvher bekannt.

Doch denjenigen, welche an diese Geschichte nicht glauben, nämlich dass Gunnas Geist niemals in diesen teuflischen Schlund gezogen wurde, sei gesagt: Ihr Geist klebt vielmehr noch außen an einer Ecke der Quellöffnung. Man muss nur richtig hinschauen, um ihn zu entdecken.

Somit haben wir auch die Westspitze der Halbinsel erreicht. Nordwärts geht es nun weiter, über das Minidorf Hafnir (Straße Nr. 44) bis hinauf ins nördliche Garður mit seinem Leuchtturm (Straße Nr. 45). Rund 40 Kilometer westlich der Hauptstadt an der Nordküste von Reykjanes beginnt die Kette der Trabantenstädte mit dem Ort Keflavík. Man kennt diesen Namen ja eher als Standort für den internationalen Flughafen Islands. Doch ein Blick hinein in den Küstenort lohnt schon, wenn man erst einmal den Industriegürtel hinter sich gelassen hat. Die rund fünf Kilometer lange Zentrumsstraße Strandgata bildet das eigentliche Zentrum mit kompletter städtischer Infrastruktur. An ihrem westlichen Ende zusammen mit der Touristeninformation ist in dem großen, roten ehemaligen Lager- und Wohngebäude das Museum Duushús beheimatet. Kunstgalerie und Gemeindemuseum gleichermaßen, birgt es viele Besichtigungsschätze, auch die Welt der Wikinger wird gezeigt. Imposant ist nicht nur das in Originalmaßen nachgebaute Wikingerboot; die einrahmenden Erläuterungen erlauben einen guten Einblick in diese damalige Welt. Genau am anderen Ende der Strandgata, so als ob Historisches und Modernes weit auseinander liegen, leuchtet in unübersehbarem Weiß das Kongress- und Kulturzentrum mit integriertem Rock-‘n-Roll- Museum. Museal

Anschauliches und rhythmisch Unüberhörbares in den fast täglichen Konzerten formen eine gelungene Kombination.

Bevor ich nun doch endlich Islands Hauptstadt erreiche, lasse ich den Küstenort Hafnarfjörður nicht aus. Eigentlich ist er bereits einer der zahlreichen Vorstädte Reykjavíks. Im Stadtzentrum fallen die zahlreichen Lavahügel auf, um die herum man gebaut hat. Am Stadtrand im Tal lädt das Gestüt Ishestar zu einem Besuch ein. Schließen Sie sich doch einfach einer der vielen angebotenen, geführten Touren hoch zu Ross an. Ich habe es ausprobiert. Ein Gedicht! Kann ich Ihnen versichern.

Hinein in gemächlichem Tempo (auch für nicht Reiterfahrene geeignet) geht es in die Lavanatur. Irgendwo mitten in der Wildnis wird ein kurzer Stopp eingelegt, damit die Islandpferde sich erholen können. Man selbst ist froh, auch mal wieder auf eigenen Beinen stehen zu können, bevor der Rückritt angetreten wird. Dieses ist nur eine Variante des umfangreichen Reitprogramms. Tagestouren bis zu acht Stunden, aber auch Mehrtagestouren stehen zur Auswahl. Vor dem Großstadtgetümmel sicherlich eine gute Abwechslung.

Der Übergang in die Hauptstadt erfolgt nahtlos. Die Städte fließen ineinander. Ohne Schild wäre der Ortswechsel nicht erkennbar. Wenn man bedenkt, dass Island insgesamt rund 350.000 Einwohner hat, in diesem Konglomerat von hauptstädtischer Metropole mit ihren Trabantenstädten aber bereits gut 60 Prozent von ihnen beheimatet sind, lässt sich die Bevölkerungsdichte für den Rest des Inselstaates schnell erahnen.

Reykjavík, eine der nördlichsten Hauptstädte Europas, strahlt auf den ersten Blick nordisch kühlen Charme aus. Weiß als Hausfarbe überwiegt zunächst. Breite, lichte Straßenzüge lassen dem nicht allzu üppigen Verkehr viel Platz. Im historischen Teil Richtung Alter Hafen wird es dann schon bunter, enger und bevölkerter.

Auf Stadtentdeckungstour kann man sich für den Bereich der Innenstadt bis zum Historischen Hafen problemlos zu Fuß aufmachen. Für außerhalb liegende Attraktionen gibt es einen regen ÖPNV oder den Hop-On-Hop-Off-Bus. Empfehlen möchte ich in diesem Zusammenhang die preiswerte Reykjavík City Card (für 24, 48 oder 72 Stunden). Sie beinhaltet neben der dann kostenlosen Nutzung der öffentlichen Verkehrsmittel auch den freien Eintritt in die Museen, deren Eintrittspreise nicht unerheblich sind.

Mein Wohnmobil parke ich in einer Straße am städtischen See, dem Tjörnin (an Werktagen kostenpflichtige Parkzone, Samstag ab 14 Uhr, Sonntag komplett freies Parken). Als Frühaufsteher finde ich dort schnell einen Parkplatz in der Nähe der Nationalgalerie. Nur wenige hundert Meter am Seeufer entlang, schon stehe ich im modernen Stadtkern mit Shoppingcenter, Wirtschafts- und Verwaltungszentren und kleineren Grünanlagen. Die Orientierung fällt nicht schwer. Südöstlich auf einem Hügel erblicke ich den Turm der Hallgrímskirkja, gegenüber die Domkirche, dazwischen die ersten, teilweise modernen Gebäude des Alten Hafens.

Hallgrimskirche in Reykjavík

Zunächst richte ich mich zur Hallgrímskirkja aus. Den Hügel auf der Einkaufsstraße mit Tourismusagentur hinauf verliere ich den Kirchturm nicht aus dem Auge. Nach einem knappen Kilometer stehe ich auf dem riesigen Kirchplatz.

Allerdings besuche ich erst eine etwas unscheinbare graue, viereckige Villa, das Einar-Jónsson-Haus (Museum und Skulpturengarten). Dieser Bildhauer (1874 bis 1954) gilt als der erste isländische Skulpturenkünstler von internationalem Ruf.

Zurück zur Kirche, deren Planung im Jahr 1929 begann. Damals schrieb man einen Wettbewerb aus, denn man wollte auf diesem Hügel eine Kirche zu Ehren eines von Islands größten Dichtern, Pastor Hallgrímur Pétursson (1614 bis 1674), errichten. 1200 Sitze sollten installiert werden können. Ein großer Turm musste sie schmücken, der auch als Sendemast für die spätere nationale Radiostation dienen könnte. Gut Ding will Weile haben. Erst 1937 wurde der Architekt Guðón Samúelsson (1887 bis 1950) mit dem Bau beauftragt. 1945 schließlich begannen die Bauarbeiten. Die Vollendung seiner Pläne konnte der Architekt nicht mehr erleben, nur noch die Weihung einer ersten kleinen Kapelle in der Krypta. Wenn er sie heute sehen könnte, er müsste von Reykjavíks Wahrzeichen überwältigt sein.

Versäumen Sie auf keinen Fall, den Turm zu besteigen (Kombination aus Fahrstuhl und Treppe). Reykjavík im 360-Grad-Blick ist unübertrefflich, zumindest bei klarem Wetter. Als zusätzlicher Glücksbaustein erweist sich der Orgelklang, vielleicht bei einem Konzert, während eines Gottesdienstes oder beim Üben des Organisten. Sein Spieltisch ist mitten im Kircheninneren kurz vor Beginn der Sitzbankreihen aufgebaut. Ein Hinweisschild bittet darum, ihn nicht anzusprechen. Und so konzertiert er still vor sich hin, eingebettet in himmlische Töne und umringt von einer Schar von lauschenden Neugierigen.

Eine besondere Attraktion, wenn auch völlig andersartig, können Sie nicht weit von Reykjavíks Wahrzeichen besuchen. In der zentralen Citystraße, dem Laugarvegur 116 hat sich das Isländische Phallusmuseum eingerichtet. Es ist wahrscheinlich das einzige seiner Art auf der Welt, wo man die Phallen aller Säugetiere des Landes gesammelt hat. Ausgestellt sind rund 220 Exemplare vom Wal bis zum Ziegenbock. Damit nicht genug, neben dem wissenschaftlichen Teil gibt es über 300 Kunst- und Gebrauchsgegenstände, die sich mit dem Thema des Museums befassen. Alles nichts für Zartbesaitete, diese Ausstellung von „Spitzfindigkeiten und Hängepartien“.

Ich setze den Stadtrundgang fort in Richtung Alter Hafen. Von der Kirchenanhöhe ist er bereits gut zu erkennen, zumindest seine Gebäude. Also folgen Sie mir den Kirchhügel wieder hinab, es muss nicht auf der gleichen Straße sein.

Wählen Sie eine der kleineren Straßen, vielleicht die mit dem Bäcker und der offenen Backstube. Entweder erkennen Sie das Geschäft am Duft des frisch gebackenen Biobrotes oder an der langen Schlange vor seiner Tür. Doch irgendwie gelangen Sie automatisch wieder auf die Einkaufsstraße Laugarvegur mit Fußgängerzone.

Weiter geht es Richtung Historischem Hafen. Am darauf folgenden Platz mit Springbrunnen halte ich mich etwas links bis zu einem mit Blumen geschmückten Park (Austurvöllur) gegenüber vom Parlamentsgebäude. Das Denkmal erinnert an Jón Sigurðsson (1811 bis 1879), den Vorkämpfer der isländischen Unabhängigkeitsbewegung. Wie kein anderer setzte er sich für die Loslösung von Dänemark ein. Er gilt als Architekt des heutigen Island. Immerhin dauerte es noch bis zum 17. Juni 1944, dem Geburtstag des Politikers und Philologen, bis das Land endgültig seine Unabhängigkeit erklärte.

Achten Sie nunmehr beim Rundgang auf das Schild Landnámssýningin. Es führt Sie zum Museum über die Besiedlung Islands. Dieses Thema finde ich in vielen Museen des Landes dargestellt. Die ersten Siedler, höchstwahrscheinlich irische Mönche, werden hoch verehrt. Aus dieser Epoche stammen auch die meisten der isländischen Sagas. Da sie lediglich mündlich überliefert wurden – die schriftliche Fixierung begann erst mit der Christianisierung des Landes (ab etwa dem Jahr 1000) – bleibt Vieles ungenau und auch ungewiss. Im Museum wird die vermutet erste Besiedelung Islands durch den Norweger Ingólfur Arnarson (um 981) thematisiert. Im Süden der heutigen Hauptstadt soll er sich niedergelassen haben. Auch gilt er als Schöpfer des Namens „Rauchbucht" der heutigen Hauptstadt. Ausgestellte Funde aus jener Zeit sollen dies bestätigen. Nicht nur wegen Ingólfur, dieses Museum ist in jedem Fall einen Besuch wert, zumal es obendrein noch eine Wikingerausstellung beherbergt.

Nur wenige Schritte sind es noch bis zum Alten Hafen. Über die Tryggvagata gelange ich dorthin. Gönne mir unterwegs aber noch einen kurzen Stopp für das Vulcano House (Eintritt nur teilweise durch die City Card abgedeckt). In wenigen Displays, aber durch stündliche Filme wird mir Islands Vulkanleben noch einmal näher gebracht. Die Einrichtung vermittelt aber eher den Eindruck eines Souvenirshops denn eines Informationszentrums.

Kulturzentrum Harpa

Hier können Sie sich entscheiden, entweder zunächst direkt hinunter zum Alten Hafen oder zu einem neuen Wahrzeichen der Hauptstadt, dem Konzert- und Konferenzhaus Harpa, zu gehen. Unübersehbar ist der dunkel wirkende Glasbau an der Wasserkante. Der Name, durch einen öffentlichen Wettbewerb ermittelt, bedeutet „Harfe". Das 43 Meter hohe Gebäude besteht aus zwei quaderförmig versetzten Teilen, dessen Herzstück der Konzertsaal für 1800 Besucher ist. Faszinierend, innen wie außen, sind die optischen Effekte der Glasfenster, die großräumige Gestaltung des Foyers mit offenem Blick in die oberen Stockwerke, vom täglichen Programm ganz zu schweigen. Mit und ohne Veranstaltung, diese Sehenswürdigkeit lohnt in jedem Fall einen Besuch.

Die Hafenkante ist erreicht. Wir folgen ihr in westlicher Richtung bis zum Becken des Alten Hafens. Grün schimmern die ehemaligen Fischerbuden, heute meistens Cafés und Restaurants, an der Kaimauer. Nunmehr stehe ich im tiefsten historischen Teil der Stadt, der sich zum Tourismusmagneten entwickelt hat. Die Ticket Offices verschiedener Touranbieter säumen die Pier. Deren Auswahl ist groß, von der Walsafari über die Arctic Adventure Tour bis zum gemächlichen Mehrmastertrip. Wer keine Lust mehr auf Fußweg hat, kann dort auch ein Fahrrad mieten.

Mit Blick wieder stadteinwärts mache ich mein nächstes Ziel aus, die Dómkirkja. Ohne das Kirchenschiff gleicht der viereckige Turm dem einer Burg. Also 500 Meter wieder hügelaufwärts gestiefelt, schon stehe ich vor dieser katholischen Kathedrale. Der Blick hinein lässt den Pomp sakralen Barocks erkennen – überbordend, vergoldet, verspielt.

Allmählich schließt sich der Rundgang. Hügelabwärts heißt es nun wieder durch mehrere Straßen. Der Ausgangspunkt, der Stadtsee Tjörnin lässt grüßen. Direkt an seinem Innenstadtufer ist das zweigebäudige, moderne Rathaus platziert. Bei dem Ausblick auf See und Park sicherlich ein angenehmer Arbeitsplatz.

Nicht einfach zu Fuß zu erreichen ist Reykjavíks neueste museale Errungenschaft Perlan – Wonders of Iceland. Es liegt unmittelbar an der Stadtgrenze nach Hafnarfjörður. Wohl dem, der jetzt die City Card hat.

Mit seiner riesigen Glaskuppel mache ich es am Horizont aus. In der Tat, die Einrichtung geriert sich als „museale Perle“. Mit modernster Multivisionstechnik ausgestattet, beleuchtet es besonders die Themen über Nordlichter, Vulkane, Gletscher und Erdbeben, also typisch isländische Erscheinungen. Zahlreiche Displays lassen den Besucher in kurzen Filmsequenzen optisch an Vulkan-ausbrüchen teilnehmen. Der Erdbebensimulator untermauert die Authentizität des Schauspiels. Eine gute halbe Stunde kann ich mich im Kino den Nordlichtern hingeben. Schließlich lockt die rund 100 Meter lange echte Eishöhle in die Kälte. Erholsam beenden kann man diesen beeindruckenden Museumsbesuch auf der Panoramaterrasse.

Inside A Volcano

Wie im Kühlschrank – Inside A Volcano

Vulkan – das klingt nach Hitze, glühender, brodelnder Lava. Doch bei einem Vulkan, dessen letzter Ausbruch nunmehr 4500 Jahre zurückliegt, gelten diese Assoziationen heute nicht mehr. Nicht nur seinen Kegel kann man heute besichtigen.

Über insidethevolcano.com schließe ich mich einer geführten Tour ins „Innere der Erde" an, eine Kombination aus Busfahrt, Wanderung und Besichtigung des Inneren der Magmakammer. Þríhnúkagígur heißt der Vulkan. Eine halbe Autostunde östlich von Reykjavík ragt der knapp 600 Meter hohe Krater in den Himmel. Der Name bedeutet „Drei Gipfel". So haben sich in drei unabhängigen, rasch aufeinander folgenden Eruptionen die Krater herausgebildet, jeder nur wenige hundert Meter vom anderen entfernt, alle mit ziemlich genau gleicher Höhe.

Als Tourstartpunkt wähle ich den Busterminal des Veranstalters Gray Line (Reykjavík, Klettagarðar 4). Auf Wunsch wird auch von Hotels oder anderen verabredeten Orten im Stadtgebiet abgeholt.

Nach telefonischer Absprache (Tel. +354 519 5609) kann man sich auch eigenständig zum Krater selbst oder zur Zwischenstation begeben und sich dort der Gruppe anschließen.

Nach rund 30 Minuten Busfahrt (Ringstraße, dann Nr. 417) haben wir den ersten Stopp erreicht. Wir sind am Beginn der sich nunmehr anschließenden 3,5 Kilometer langen Wanderung zum eigentlichen Vulkankrater. Nach einem kurzen Informationsgespräch bei Kaffee und Keksen über den vor uns liegenden Teilabschnitt marschieren wir los. Der gut gekennzeichnete Weg führt ausschließlich über die vom Þríhnúkagígur erschaffenen Lavafelder. Bei klarer Sicht werden die drei Kraterspitzen schnell sichtbar. Was als fester Untergrund aussieht, erweist sich an mehreren Stellen lediglich als eine Lavadecke von 20 Zentimetern Dicke. Darunter haben sich seinerzeit durch die fließende, ausströmende Lava sogenannte „Lava Tubes" gebildet, also höhlenartige Hohlräume. Nach Erkalten der obersten Gesteinsschicht existieren diese Röhren auch heute noch.

Nach gut der Hälfte der Wanderung betreten wir eine schmale Brücke. Sie spannt sich über die beiden Kontinentalplatten Eurasien und Nordamerika. Diese geologischen Kontinente driften weiterhin jährlich um rund 2,5 Zentimeter auseinander. Zum Schluss des Fußmarsches heißt es eine letzte, etwas steilere Steigung zu überwinden. Schon werden wir am „Basislager" im Empfang genommen.

Hierbei handelt es sich um eine bewohnbare Hütte, in der die Vulkanführer für den Ab- und Aufstieg bereitstehen. Nichts geht ohne ausführliche Sicherheitsbelehrung, Erläuterung der Vulkanbesichtigung und warmen oder kalten Getränken. Jeweils maximal sechs Personen dürfen das Kraterinnere besichtigen. Sicherheitshelm, Stirnlampe und ein „Pferdegeschirr" müssen aufgesetzt bzw. angelegt werden. Stabile Wanderschuhe mit trittfester Sohle, warme Kleidung inklusive Schal und Mütze werden dringend empfohlen. Sodann macht sich der erste Sechsertrupp auf den Weg, während der zweite auf sein Startsignal wartet. Die Rundumsicht über diese Kraterwelt oberhalb von Reykjavík bietet sich als Erkundung an. Bei guter Sicht kann man einen Blick auf die Hauptstadt genießen. Vielleicht gesellt sich ja auch, wie auf meiner Tour, der kleine Polarfuchs zu Ihnen (Streicheln und Füttern verboten!). Jedenfalls wird die Wartezeit nie langweilig.

Nach gut 20 Minuten ruft der Vulkanführer zum Aufbruch. Nunmehr klettern wir noch einmal 50 Meter hinauf zum eigentlichen Kraterschlot.

Eine offene Gondel wird uns gleich 120 Meter ins Erdinnere abseilen. Für den Übergang in die Gondel werden wir an dem „Pferdegeschirr" abgesichert, in der Gondel selbst auch. Der erste Blick in die Tiefe, ins Schwarze lässt weit unten einen Lichtpunkt erkennen. Bis dorthin wollen wir in den Krater schweben. Rund sechs Minuten wird die Fahrt dauern, erläutert der Vulkanguide. Los geht's. Der obere Schlot ist so eng, dass die Gondel, durch Seitenräder abgefedert, an den Felswänden entlang gleitet. Ein unheimliches Gefühl schleicht sich ein. Das Loch mit dem Tageslicht wird stetig kleiner. Dafür verbreitert sich der Vulkanschlot immer mehr. Wir schweben in die eigentliche, ehemalige Magmakammer.

Durch geschickte Ausleuchtung werden erste Felsformationen mit ihren Farbspielen sichtbar. In einer Felsspalte wird auch ein zweiter Eruptionsschlot erkennbar. Ungetüme Felsbrocken verharren eingeklemmt zwischen Felsvorsprüngen. Jeden Moment könnten sie abstürzen, vermittelt das Gefühl. Doch was viereinhalbtausend Jahre gehalten hat, wird wohl auch diese Stunde noch so bleiben. Schließlich setzt die Gondel sanft auf dem Kratergrund auf.

Nach nochmaligen Sicherheitshinweisen kann die eigenständige Erkundungstour beginnen. Und nicht vergessen: Das Verlassen des markierten Weges sowie das Mitnehmen von Lavabrocken als Souvenir sind strengstens verboten! Etwa 45 Minuten dauert die Rundwanderung im Erdinneren. Eigentlich entpuppt sie sich mehr als Klettertour entlang der Wände der Magmakammer. Begrenzungsseile bieten Halt auf den teilweise schlüpfrigen, immer feuchten Felsen. Bei konstanten vier Grad tut die Bewegung gut.

Ein unbeschreibliches Farbspiel bietet sich. Oder sind es lediglich Farbillusionen der reflektierenden Elemente Eisen, Kupfer und Schwefel? Teilweise spiegeln sich die Formationen in dem kleinen Kratersee wider. Alle zehn Schritte bietet sich ein anderes Fantasiebild, zum Beispiel hier ein Altar, dort ein Tierkopf, farbmäßig kontrastreich voneinander abgesetzt. Was sich in dieser heutigen Höhle vor den besagten 4500 Jahren abgespielt haben mag – unvorstellbar. So umrunden wir allmählich die Magmakammer bis zur Ein- und Ausstiegsplattform der Schwebegondel, die inzwischen eine weitere Gruppe von oben abgeholt hat.

Der Abschied aus diesem Untergrunderlebnis wird erleichtert durch die Erwartung auf mehr Wärme. Die Differenz zwischen vier und 13 Grad ist deutlich, angenehm spürbar. Zurück am Basislager wird eine aufwärmende Suppe gereicht, Gemüseeintopf mit oder ohne Fleischeinlage, gekocht in der Hütte selbst. Einfach lecker! Und auf Wunsch bleibt es nicht bei einer Portion. Warme und kalte Getränke stehen ebenfalls breit. Alle diese kulinarischen Petitessen sind im Tourpreis inbegriffen. Wer möchte, wandert anschließend eigenständig die 3,5 Kilometer zurück zu dem Haus an der Straße Nr. 417. Jetzt heißt es nur noch auf den stündlich fahrenden Shuttlebus zu warten, um nach Reykjavík zurück zu gelangen (Absetzstationen meist nach Wahl).

Insgesamt fünf bis sechs Stunden dauert dieses sehr empfehlenswerte Vulkanabenteuer. Es erweist sich als ein sicherlich besonderer Höhepunkt einer jeden Islandtour.

So, genug von großstädtischen Impressionen, wenn man von der Lavatour einmal absieht. Nordwärts soll es gehen, dorthin, wo es wieder einsamer wird.

Zwischen Höhle und Hölle – Snæfellsnes

Wie von einem blanken Zuckerhut reflektiert er die Sonnenstrahlen, der Snæfellsjökull. Gletscher und Vulkan zugleich, kann man ihn wirklich als einen der malerischsten Berge Islands bezeichnen. Bei klarer Sicht erblicke ich die 1440 Meter hohe Eiskappe bereits lange bevor ich die eigentliche westliche Halbinsel Snæfellsnes erreiche.

Auf dem Weg dorthin von Reykjavík (Ringstraße Nr. 1) lohnt sich ein Stopp in der kleinen Stadt Akranes. Wer es eilig hat, nimmt den Tunnel. Naturgenießer wie ich biegen kurz vor der Tunneleinfahrt auf die geteerte Straße (Nr. 47) um den Hvalfjörður ab, um schließlich rund 65 Kilometer später am gleichen Ziel zu landen. Zum Teil ist es die sanfte Wiesenlandschaft, am Fjordende eine schroffe Gebirgswelt, die diese Rundfahrt erstrebenswert machen. Kleine Anlaufpunkte wie der markante Staupasteinn oder am Fjordscheitelpunkt nach einer kurzen Wanderung zum Gebirgssee Hvalvatn der rauschende Wasserfall Glymur laden ein zu Fahrtunterbrechungen. Unbedingt anschauen sollte man sich das nachdenkenswerte War and Peace Museum, bereits an der Nordseite des Fjords gelegen (direkt an der Straße Nr. 47). Eine wirklich bemerkenswerte private Sammlung, die eher den Wunsch nach Frieden ausdrücken, als Krieg dokumentarisch darlegen soll. Die Statue am Eingang unterstreicht diese Absicht. Wer will, kann hier nach einem Restaurantbesuch auch gleich ins Schwimmbad springen oder auf dem angegliederten Campingplatz übernachten, Fjordblick inklusive.

Zurück auf der Ringstraße (Nr. 1) sind es dann nur noch wenige Kilometer (Straße Nr. 51) bis zu dieser kleinen Fischerstadt Akranes. Das Straßennetz läuft spitzförmig auf die südliche Mole mit den beiden Leuchttürmen zu. Doppelt hält besser, hatte man sich wohl einmal gesagt. Der ältere, innere stammt von 1918. Der neuere, äußere aus dem Jahr 1943 ist heute noch in Betrieb und kann besichtigt werden. Der Leuchtturmwärter führt mich gern auf die Aussichtsplattform. Dabei dient der Turm gleichzeitig und zeitweilig als Kunstgalerie oder Konzertspielstätte. Beim Schlendern durch die Stadt werfe ich einen Blick in die wunderschöne Akraneskirkja von 1896. Die vielen Schnitzereien im Kircheninneren und besonders das Altarbild (1870 vom Maler Sigurður Guðmundsson geschaffen) fesseln meine Aufmerksamkeit. Fast sternenförmig laufen die Straßen auf den großen Cityplatz mit dem unübersehbaren Fischermann-Denkmal zu. Der Vergangenheit der Stadt als Fischereistadt widmet sich dann auch das Heimatmuseum etwas außerhalb des Zentrums. Als Blickfang erkennt man es schnell am aufgedockten Schoner.

Beim Museumsbesuch am Ende dieser Stippvisite sind wir auch gleich auf der Straße nach Borgarnes (wieder Nr. 51 zurück zur Ringstraße). Mit seinen knapp 2000 Einwohnern bildet die Stadt das Zentrum der Region. Der Schwerpunkt der Besichtigungsangebote liegt hier eindeutig auf dem Settlement Centre mit dem angeschlossenen Sagamuseum. Es befindet sich direkt an der Brücke hinüber zur kleinen, vorgelagerten Insel. Bevor ich in die Museumsgänge abtauche, werfe ich noch einen Blick auf die nordische Statue gleich um die Ecke auf einem Felsen. Für Kinder gilt sie weniger als Kunstwerk denn als Klettergerüst.

Auf ganz Island finde ich diese Museen, die sich mit der sogenannten „Landnahme“, also die Epoche zwischen 870 bis 930 beschäftigen. Hier im heutigen Borgarnes siedelte sich einer dieser ersten Siedler an, Skallagrímur Kveldúlfsson. Berühmter geworden ist sein Sohn Egil, der in der isländischen Egils Saga verewigt wird. Beide ausgezeichneten Museumsabteilungen werden mir per Audioguide näher gebracht (in 15 Sprachen verfügbar). Für ein besseres Verständnis isländischer Geschichte erscheint mir dieser Museumsbesuch unerlässlich.

Nur 200 Meter entfernt im Gebäude der Stadtbibliothek wird es moderner – im Borgarnes Museum, Heimatgeschichte des letzten Jahrhunderts aus dem Blickwinkel von Kindern. Tausende von Kinder- und Familienfotos dokumentieren das abgelaufene Jahrhundert – eine prima Idee. Auf optische Verwirrung setzt hingegen der zweite Ausstellungsteil, die Vogelwelt der Region. In einer nicht allzu mächtigen Glasvitrine werden die ornithologischen, ausgestopften Kostbarkeiten präsentiert. Per Spiegelwirkung blicke ich quasi ins Unendliche, egal, von welcher Seite ich in die Vitrine schaue. So stehe ich also mittendrin, umschwirrt von reichhaltigem Vogelleben mit imaginärem Gezwitscher, Gekrächze und Gequake.

Nun aber nördlich hinauf auf die so berühmte Halbinsel Snæfellsnes mit dem noch berühmteren Gletscher (Straße Nr. 54, Abzweigung von der Ringstraße kurz hinter Borgarnes). Wo sie geografisch wirklich beginnt, spielt für mich keine große Rolle. Ich setzte den Startpunkt nach gut 60 Kilometern an bei der Gabelung der Straße Nr. 54/56. Denn ab hier starte ich mein „Besuchsprogramm“.

Touristisch könnte die Halbinsel die kleinere Schwester der gesamten isländischen Insel repräsentieren. Der jeweilige Süden ist stark frequentiert, wenn nicht sogar überlaufen. Im Norden bleibt es erheblich ruhiger. Für Snæfellsnes kristallisiert sich diese Trennungslinie am westlichsten Punkt der Halbinsel in Öndverðarnes heraus.

Als optischer Hauptmagnet bleibt der Vulkan-Gletscher auf der Rundfahrt stets im Blickfeld (Straßen Nr. 54, 574, 54). Er gilt als Fluch und Segen zugleich. Als Gletscher lockt er massenweise Touristen in die Region. Als Vulkan mit seinen beiden letzten Ausbrüchen vor 8000 bzw. 2000 Jahren kann er die „Hölle“ bescheren. Der Vulkan gilt auch heute noch als aktiv. Was er anrichten kann, lässt sich durch die zahlreichen Lavafelder erahnen. Die früher glühenden, heute natürlich erkalteten Lavaströme sind bereits stark verwittert und moosbedeckt. Die neueren zeigen sich noch tief schwarz und scharfkantig. Bis an die Küste und ins Meer hinein flossen sie, wobei alles, was in ihrem Strombett lag, vernichtet wurde. Ob der Vulkan wieder ausbricht, wann er sein Höllenfeuer erneut über das Land speit – niemand vermag es zu sagen.

Außer diesem Gletscher-Vulkan-Naturschauspiel bieten natürlich noch viele andere, kleinere Attraktionen Gründe für einen Zwischenstopp. Insofern rate ich zu genügend Zeit und Muße, lieber einige Kilometer weniger, dafür erhöhter Erlebnisgenuss.

Berühmt geworden ist die Region nicht zuletzt auch durch den französischen Schriftsteller Jules Verne (1828 bis 1905). Bekanntlich gilt er mit seinen Romanen als einer der Begründer der Science-Fiction-Literatur. Für seinen Roman „Reise zum Mittelpunkt der Erde“ (1873) wählte er den Vulkanschlot des Snæfellsjökull als Einstiegstor ins Erdinnere. Bei seiner Reise kam er natürlich an der „Hölle“ vorbei.

Doch wer sagt, dass es nicht auch eine andere Einstiegsluke gewesen sein kann. Deshalb verlasse ich einmal die Form des chronologischen Reisetagebuches zugunsten der Thematik.

Die erste Möglichkeit hätte sich beim Ort Arnarstapi geboten, im Canyon Rauðfeldsgjá. Vom ausgeschilderten Parkplatz den Berg zunächst hinauf gewandert, öffnet sich bald die enge Schlucht aus Tuffstein. Ein kleiner Bach sprudelt hervor. Mutige klettern in den sehr schmalen Canyon. Doch sie werden nicht viel mehr als 20 Meter eindringen können. Da macht die Enge auch für den Schlankesten ein weiteres Vordringen unmöglich.

Nach aufwärts geht es nun abwärts. Nur wenige Kilometer westlich dringe ich ein weiteres Mal ins Erdinnere. Die Höhle Vatnshellir kann im Rahmen einer geführten Tour besichtigt werden. Allerdings geht hier nichts ohne Schutzhelm und

Jeder Schlucht ihre eigene Legende

Was wäre eine solche Bilderbuchschlucht ohne passende Legende. So erzählt man sich, dass im 9. Jahrhundert Bárður Snæfellsás, halb Troll, halb Mensch, in dieser Region lebte mit seinen vollschlanken, gut aussehenden Töchtern. Sein Bruder Þorkell wohnte mit seinen beiden Söhnen Rauðfeldur und Sölvi im benachbarten Dorf Arnarstapi. Eines Tages spielen die Kinder gemeinsam am Strand und an den Kliffs. Aus Spaß stieß Rauðfeldur, der Sohn Þorkells, seine älteste Cousine Helga von einem Kliff auf einen vorbeitreibenden Eisberg. Auf diesem soll das Mädchen bis nach Grönland getrieben sein. Der Vater Bárður war darüber so erbost, dass er die beiden Jungen, also seine beiden Neffen, tötete. Rauðfeldur stieß er in die Schlucht, die heutige Rauðfeldsgjá. Seinen Bruder Sölvi stürzte er von den Klippen, welche heute noch im Volksmund (nicht aber als exakte geografische Bezeichnung) „Sölvhammar Kliffs" genannt werden. Vater Balður selbst ging aus Kummer in den Gletscher, aus dem er nie mehr auftauchte.

Aufstieg zum Vulkankegel Saxhóll

Taschenlampe. Beide Ausrüstungsgegenstände sind notwendig. Zum einen wegen scharfkantiger Höhlenwände, zum anderen, weil das Höhleninnere kein weiteres, künstliches Licht enthält. 8000 Jahre alt sind die Lavaströme, in denen sich die Höhle gebildet hat. Eine Wendeltreppe führt steil hinab auf den Höhlengrund. Mit unseren Taschenlampen leuchten wir die verschiedenen Höhlenkammern aus, ersparen uns dabei auch nicht das Erleben totaler Dunkelheit und Stille. Hin und wieder lässt das Aufprallgeräusch eines Schutzhelmes nicht vergessen, dass wohl mal wieder ein Lavazacken im Wege war. So tasten wir uns, manchmal auch stolpernd, durch das Gewirr der verschiedenen Höhlenkorridore, stets sicher durch unseren Höhlenführer geleitet. Die Wendeltreppe muss am Ende der Höhlenerkundung natürlich auch wieder bis ans Tageslicht erklommen werden. Ob einer der Gänge bis zum „Mittelpunkt der Erde“ geführt hätte? Wer weiß!

Auf dem Gipfel des Gletschers Snæfellsjökull

Es bleibt ein ständiges Auf und Ab. Nach der Höhle geht es wieder hinauf. Im Nationalpark Snæfellsjökull, im westlichen Teil der Halbinsel, klettere ich auf den erloschenen Vulkankegel Saxhóll. Nach rund 380 Treppenstufen blicke ich nicht nur in den 8000 Jahre alten Kraterschlund, sondern erfreue mich auch an dem 360-Grad-Rundblick auf Meer und Gletschergebirge. Das unentwegte Spiel der Wolken lässt den Gletscher mal total aus dem Blickfeld verschwinden, gleich darauf erstrahlt er wieder in voller Pracht im Sonnenlicht.

Eine letzte Möglichkeit, um an den Mittelpunkt der Erde zu gelangen, hätte sich Jules Verne kurz darauf am westlichsten Punkt von Snæfellsnes geboten, bei dem ehemaligen Gehöft Öndverðarnes. Heute weist hier ein Leuchtturm der Schifffahrt den Weg. Dort wurde der alten Brunnen Fálki entdeckt. 18 Stufen steige ich hinab in die dunkle Brunnenkammer. Dass sich noch Wasser in ihm befindet, merke ich erst an nassen Füßen. Auf dem Rückweg (sechs Kilometer Schotterstraße) lädt noch ein kleiner „goldgelber" Sandstrand in einer geschützten Bucht zum Verweilen ein. Es ist fast schon ein Selbstgänger zu erwähnen, dass auch die Wikinger die Vorzüge einer solchen Bucht schnell erkannten und sich hier ansiedelten.

Und über allem thront der Snæfellsjökull. Doch warum ihn eigentlich nur vom Tal aus betrachten? Es gibt eine herrliche Möglichkeit, den Gletscher quasi unter seinen Füßen zu erleben.

Abstieg vom Gletscher Snæfellsjökull

Auf eines Gletschers Gipfel

Stóri Kambur heißt das Schlüsselwort hierfür. Dabei handelt es sich um eine Farm, rund acht Kilometer östlich von Arnarstapi direkt an der Straße Nr. 54 gelegen. Das Familienunternehmen bietet über seinen Pferdehof ein- und mehrstündige gemütliche Reittouren an (info@storikambur.is). Außerdem können hier Gletschertouren mit der Snowcat/Pistenraupe vereinbart werden (theglacier.is). Eine solche Gelegenheit lasse ich mir nicht entgehen.

Die Nachmittagstour (ab 15 Uhr) dauert rund drei Stunden. Mit einem kleinen Hochlandbus wird unsere Gruppe ins Gebirge gefahren. Der größte Teil der Strecke verläuft dabei auf Schotterstraßen, je höher, je rauer der Untergrund. Im letzten Teil rumpeln wir nur noch über eine steinige Piste, durchqueren manche Furt bis direkt an die Gletscherzunge heran. Das gletschergängige Kettenfahrzeug steht schon bereit. Doch muss man vom Auto erst einmal bis dorthin gelangen. Der Schnee und das Eis sind glatt, also besteht Ausrutschgefahr. Schließlich klettern wir in den hinteren, offenen, kastenförmigen Fahrzeugteil, der mit Sitzbänken ausgestattet ist. Die Sicherheitsbügel werden heruntergeklappt. Schon heult der Motor auf.

Im Schritttempo bahnt sich das Vehikel seinen Weg hinauf zur Gletscherspitze. Die Gletscherzunge wird eingerahmt von schwarzen Lavazungen. Der Gedanke an einen der früheren Vulkanausbrüche bleibt nicht aus. Allmählich gewinnt die Gletscherzunge an Breite und formt sich zur einheitlichen Eis- und Schneedecke. Ohne Sonnenbrille könnte ich nun die Augen nicht mehr öffnen, um die weiße Pracht um mich herum zu betrachten. Recht mulmig wird einem zumute beim Überqueren einer Gletscherspalte. Hoffentlich erweitert sie sich nicht. Wir müssen auch wieder ins Tal zurück. Meter für Meter klettert die Snowcat empor. An besonders ausgeprägten Eisflächen sind auch ohne Weiteres mehrere Anläufe notwendig, um sie zu überqueren. Ein Rechtsschwenk noch, dann haben wir nach gut 30 Minuten Fahrtzeit den Gipfel erreicht.

Im wahrsten Sinne des Wortes sieht er blendend aus, dieser Gletschergipfel. Wer möchte, kann aussteigen, um das Eis direkt unter seinen Füßen zu erleben. Meistens enden die ersten Gletscherschritte jedoch auf dem Hinterteil. Da der Schnee relativ weich ist, bleibt solch ein Sturz in der

Regel ungefährlich. Und wer hat schon Schuhe mit Spikes dabei. So taste ich mich vor, immer weiter weg vom Fahrzeug. Natürlich reizt es, bis an die Felsnase heran zu klettern. Sie bildet die eigentliche Spitze des Vulkans. Aus der richtigen Optik heraus ähnelt sie einem gut genährten, dickbäuchigen Troll, der ein Nickerchen hält. Der Weg aufwärts ist leichter, trittfester zu bewältigen. Abwärts bietet sich eine Rutschpartie an.

Von hier oben aus auf rund 1400 Metern Höhe habe ich die gesamte Spitze der Halbinsel im Blick, Süd- und Nordküste sowie Westspitze. Die 30 Minuten Aufenthalt vergehen schnell. Hier noch einmal an den Schneerand getastet, am besten auf dem Bauch, da noch einmal sich einer Gletscherspalte genähert oder einfach nur eine Schneeballschlacht gemacht, jedenfalls mahnt unser Reiseführer und Snowcat-Fahrer bald zum Aufbruch. Denn der Rückweg hinunter an den Gletscherrand dauert länger als der Anstieg. Der Fahrer muss sich mit dem Kettenfahrzeug noch vorsichtiger hinabtasten. Auf keinen Fall darf er ins Rutschen kommen. Doch Aron, so heißt unser Gletscherführer, legt eine Meisterleistung hin. Ein gewisses Aufatmen beim Wiederbetreten schnee- und eisfreien Bodens ist bei manchen nicht zu übersehen.

Gönnen Sie sich etwas Außergewöhnliches, Spannendes und Besonderes. Diese Gletschertour kann der Höhepunkt eines Snæfellsnes-Besuches sein. Reservieren Sie rechtzeitig (Tel. +354 852 7028). Die Touren sind sehr beliebt und daher auch gut gebucht. Erkundigen Sie sich nach den Wetterbedingungen und, damit verbunden, der Möglichkeit, dass die Touren auch durchgeführt werden – verständliches „Safety first" zugunsten und zum Schutz der Gäste. Um das eigene Vergnügen nicht einzuschränken, vergessen sie Ihre warme Kleidung, trittfeste Schuhe und die Sonnenbrille nicht. Viel Spaß!

Vergessen wir bei aller Begeisterung über die Gletschertour die übrigen Sehenswürdigkeiten nicht. Da sind zunächst einmal die kleinen Dörfer, besser Siedlungen. Sie liegen vielfach entlang der Südküste. Manchmal bestehen sie auch nur aus einer Kirche und einem Hotel, wie zum Beispiel Búðir. Oder ihr Mittelpunkt bildet eine Touristenunterkunft/Guesthouse mit und ohne Gestüt (siehe Traðir am östlichen Halbinselende).

Ausnahme hiervon bildet das bereits erwähnte Dorf Arnarstapi. Touristisch ist es vollkommen durchgestylt mit Hotels, Hütten, Restaurants und Imbisswagen. Bei mit eigenen Augen ausgemachten zehn Reisebussen, einem überfüllten Campingplatz und vielzähligen Pkw wirkt der Ort spätestens ab 11 Uhr morgens überlaufen. Doch auslassen möchte ich ihn auch nicht. Nicht so sehr wegen des nunmehr zur steinernen Statue erstarrten Troll-Menschen Bárður Snæfellsás, auch nicht wegen des ufernahen Felsbogens im Meer, sondern wegen des kilometerlangen, gut ausgebauten Küstenwanderwegs, der lockt. Er führt direkt an der Kliffküste entlang. Auf rund sechs Kilometer langer Strecke wandere ich vom Hafen bis zum Nachbardorf

Arnarstapi – Trollstatue Baldur Snæfellssas

Hellnar. Hin und wieder laden Aussichtsplattformen zum intensiveren Betrachten der laut hörbaren Vogelwelt und der Basaltsäulenformationen ein. Morgens vor dem Touristenansturm lässt sich störungsfrei und hochgenüsslich wandern.

Wanderfreunde kommen übrigens nicht nur hier zu ihrem Recht. Entlang der gesamten Südküste gibt es vielfältige Möglichkeiten längerer oder kürzerer Wanderungen, zum Beispiel zum Wasserfall Bjarnarfoss, oder um den Küstenhügel Þúfubjarg mit den beiden etwas entfernteren Basaltsäulen. Gelegenheiten bieten sich viele.

Eine Besonderheit bietet dabei Djúpalónssandur (ausgeschildert), auch „Schwarzlava-Perlenbucht" genannt. Dieser Küstenabschnitt, Sandbucht mit Kieselsteinen, erlebte über die Jahrhunderte viele Schiffskatastrophen mit Hunderten von menschlichen Opfern. Noch heute liegen dort verstreut die Überreste (mittlerweile unter Denkmalschutz) des 1948 gestrandeten Fischtrawlers Grimsby herum. Eigentlich war es aber eine Wettkampfstätte für Kräftemessen der Fischer untereinander. Steine mussten empor gestemmt werden. Eingeteilt waren diese kleinen Felsen in Gewichthebe-Klassen von 154, 100, 54 und 23 Kilogramm. Wer sich persönlich im Wettkampf messen möchte, entsprechende Steinexemplare stehen dort zur Verfügung.

Oben, mit Beginn der Nordküste, enden Nationalpark und Touristenstrom. Hat der Norden gar nichts zu bieten? Doch, aber eben nichts derartig Spektakuläres. Es sind die kleinen Orte und Städte, die anlocken können. Ob nun Hellisandur (mit Heimatmuseum), Rif (Fischereihafen) oder Ólafsvík (Fischereimuseum), sie alle lassen mich kurz und gern einmal die Füße vertreten.

Höheres Besucheraufkommen verzeichnet hingegen der Ort Grundarfjörður. Es sind wohl die beiden Wasserfälle an den jeweiligen Ortsenden, die anziehen, der mehrarmige Kirkjufellsfoss (westlich) bzw. der Grundarfoss (östlich), eventuell auch der Hausberg Kirkjufell (463 Meter) oder das Sagamuseum in der Stadtmitte. In jedem Fall werden hier bereits die Auswirkungen der Hafenstadt Stykkishólmur spürbar.

Diese Stadt ist wie die ganze südliche Halbinsel stark von Reisenden frequentiert. Denn der Ort gilt auch als „Tor zu den Westfjorden". Wer den Landweg abkürzen möchte, nehme hier die täglich zweimal verkehrende Autofähre über den weiten Breiðafjörður. Bei Mitnahme eines Kraftfahrzeuges ist vorherige Buchung unerläss-lich. Wie viele Besucher sich die Zeit nehmen (können), um die städtischen und musealen Kostbarkeiten zu ergründen, bleibt mir unerschlossen. Sehr viele habe ich nicht entdeckt im Norwegerhaus, der ehemaligen, authentischen Wohn- und Arbeitsstätte eines örtlichen Fischers und Unternehmers. Im Volcano House blieb ich gleichfalls ziemlich allein. Dieses Museum zeigt eine einzigartige Sammlung zum Thema Vulkanausbrüche, Gesteinssammlung und Forschungsmethoden, aber auch Darstellungen von „Eruptionen in bildnerisch künstlerischen Werken". Es lohnt schon! Nichts anderes kann ich über die Vatnsafn/Bibliothek des Wassers sagen. Die Künstlerin Roni Horn hat hier in einem eigenen Gebäude 24 Glassäulen geschaffen, die mit Wasser der verschiedenen Gletscher gefüllt sind. Reflektiert wird das Lichtspiel auf dem Fußboden, welcher versehen ist mit isländischen und englischen Wörtern. Diese, in der Stille und Unnahbarkeit des Kunstwerkes, regen an zum eigenen Reflektieren, wobei die Begriffe, die alle etwas mit „Wetter" zu tun haben, oftmals doppeldeutig sind. Solch eine Atmosphäre steht natürlich im krassen Gegensatz zum quirligen Fährhafen.

Rund 2,5 Fährstunden dauert die Überfahrt in die Westfjorde. Bevor es auf meiner Inselrundtour dorthin weitergeht, gönne ich mir einen Zwischenstopp (ohne Auto) auf der in der Fjordmitte liegenden Insel Flatey. Ich nenne es einfach „Flachprogramm". Die höchste Inselcrhebung übersteigt die 14-Meter-Marke nicht. Früher war das Eiland von rund 200 Seelen ständig bewohnt. Heute sind es maximal noch fünf, die dort überwintern. Es gibt zwar ein kleines Dorf mit einem Hotel und am Anleger ein Café, doch hierbei handelt es sich um Sommerhäuser und saisonalem Café mit Hotelbetrieb. Die einzige autofreie Sandstraße hat eine Länge von zwei Kilometern. Zwei Rundwanderwege werden angeboten. Der kürzere von etwa zwei Kilometern führt ins Dorf, zur Kirche und zurück zum Hafen. Der längere, der wegen Vogelschutzes nur vom 20. Juli bis Mitte März betreten werden darf, umfasst mit rund vier Kilometer Länge die gesamte Insel. Tragen Sie eine Mütze, wenn Sie das Vogelschutzgebiet betreten! Aggressive Seeschwalben und Möwen fliegen mit lautem Geschrei dicht über ihren Kopf hinweg. Flatey – eine kühl windige Erfahrung zum Abschluss dieses Tourabschnittes.

Noch Island? – In die Westfjorde

Diese Frage stellt sich mir beim Blick auf die Karte. Zur größten Halbinsel Islands führt, abgesehen von der Fährverbindung ab Stykkishólmur, lediglich eine recht enge Landverbindung (Straßen Nr. 60, 62; die 68 ist über weite Strecken Schotterstraße).

Zunächst allerdings, bevor es wirklich nordwärts geht, gönne ich mir einen kleinen „südlichen Umweg“ noch einmal Richtung Borgarnes (Straße Nr. 54). Als Ziel steuere ich das Geschichts- und Kirchenzentrum Reykholt an (Straße Nr. 50). Auf der einen Seite lockt mich der Anblick einer „Doppelkirche“, d. h. ein neues Kirchengebäude wurde 1996 just neben der historischen Kirche von 1886 errichtet. Das ungleiche Paar lohnt innen wie außen allein schon die Fahrt dorthin.

Doch Reykholt bietet mit seiner Snorrastofa erheblich mehr. Forschungs- und Veranstaltungszentrum zugleich, widmet sich die Einrichtung mittelalterlicher Kunst und Politik. Im Mittelpunkt steht dabei Snorri Sturluson (1179 bis 1241). Er gilt als eine der herausragendsten Persönlichkeiten seiner Zeit. Als Oberhaupt der damaligen Region Reykholt machte er sich politisch einen Namen als Sprecher im allisländischen Þing. Als Verfasser mehrerer sogenannter „Sagas“ (zum Beispiel die Snorra-Edda, „Geschichte der norwegischen Könige“ oder auch Egils Saga) hat er bis heute nachhaltigen Ruhm erworben. Weltgewandt soll er gewesen sein. Beim Rundgang durch die Snorri-Ausstellung werden neben diesen Aspekten auch seine alltägliche Lebensfreude betont, symbolisiert u. a. durch seinen „Hot Pool“, in den er jeden Tag sprang. Ungeklärt bleibt hingegen, warum von seinem Gehöft ein unterirdischer Gang zu seiner warmen Quelle führte.

Und da ich nun bereits in der Gegend bin, verlängere ich den Umweg noch um einige Kilometer (Straße Nr. 518) zunächst bis nach Húsafell und gleich weiter zur Höhle Viðgelmir in Sichtweite des Gletschers Langjökull. Angekündigt wird sie als eine der größten Höhlen Islands. 1585 Meter tief bohrt sich diese Lavahöhle ins Gebirge. Eigentlich ist es ja umgekehrt: Vor rund 8000 Jahren, anlässlich eines Vulkanausbruches in der Gegend und des sich daraus bildenden Lavafeldes, floss sehr dünnflüssige Lava tiefer ins Tal. In der teilweise bereits erkalteten Lavakruste bildeten sich Hohlräume, die „Lava Tubes“ genannten Höhlen. Die gut einstündige geführte Tour entpuppt sich als spannendes Erlebnis. 120 Treppenstufen führen hinein ins geschickt ausgeleuchtete Dunkel. So kommt die Farbenvielfalt des Gesteins gut zur Geltung. Helm und Stirnlampe bieten Schutz und Erhellung in den riesigen Höhlenkammern und engen Gängen. Bei null Grad Dauertemperatur frieren nur diejenigen, welche nicht adäquat gekleidet sind. Die anderen können unbeeinträchtigt den informativen Ausführungen des Tourguides lauschen. Nach mehr als einer Stunde erblicken wir wieder das Tageslicht.

Jetzt geht es aber wirklich auf direktem Weg in die Westfjorde. Ein Zwischenstopp im Dorf Búðardalur (direkt an der Straße Nr. 60) dient der Übernachtung und einem morgendlichen kurzen Besuch von Eiríksstaðir, einer weiteren Heimstatt der Wikinger.

„Eric der Rote"

Diesen Spitznamen erhielt Erik þorvaldsson, norwegisch-isländischer Seefahrer und Entdecker wegen seiner roten Haare. Sein exaktes Geburtsdatum um 950 bleibt im Dunkeln, sein Sterbejahr soll um 1006 gewesen sein. Um 970 musste er mit seinen Eltern aus Norwegen fliehen, sein Vater war dort des Mords angeklagt.

Der Sohn tat es dem Vater offensichtlich gleich. Er galt gleichfalls als Verbrecher und Raufbold. Wegen Mordes im Rahmen eines nachbarschaftlichen Streits um Weideland wurde er deshalb 982 aus Island verbannt. So floh er denn nach Südgrönland. Nicht lange währte der Frieden nach seiner Rückkehr nach Island. Erneute erbitterte Auseinandersetzungen mit seinen Nachbarn, von denen er zwei erschlug, führten schließlich zur endgültigen Verurteilung durch die Þingversammlung in þingvellir. Als „Vogelfreier" konnte er sich in Island nun nicht mehr sicher fühlen. Reich und mächtig, wie er war, stattete er 25 Schiffe aus, um für immer nach Grönland zu übersiedeln. Diese Entwicklung seines Lebens trug sicherlich auch Wesentliches zu seinen weiteren Weltentdeckungsfahrten und denen seiner Kinder bei (zum Beispiel entdeckte sein Sohn Leif Eriksson Neufundland).

Somit ist der Weg in die Westfjorde eingeschlagen. Zwei Hauptziele steuere ich an. Zunächst auf der südlichen Fjordhalbinsel (Straße Nr. 60, dann 62, etwa 200 Kilometer) die Dörfer Patreksfjörður und Tálknafjörður. Anschließend geht es in die „Hauptstadt" dieser Region nach Ísafjörður mit den umliegenden Gemeinden (Straße Nr. 61, ca. 250 Kilometer ab Gabelung 60/61).

In der Einsamkeit der Westfjorde ...

Je nördlicher ich vorstoße, desto einsamer und geringer bevölkert wird die Gegend. Kein Wunder, denn die Westfjorde sind geprägt von unwirtlichen Gebirgen, die oft nur einen schmalen Uferstreifen zulassen, also wenig Raum für Ansiedlungen. Ein Blick in die Statistik genügt, um diese gefühlte Einsamkeit zu untermauern. Bei einer Gesamtbevölkerung Islands von gut 350.000 Einwohnern entfallen auf die Westfjorde lediglich rund 7000, also knapp nur zwei Prozent. Dafür bieten die Fjordnasen viel Raum für Naturbeobachtungen, Wanderungen oder Relaxen bei guter touristischer Infrastruktur.

Die Straße Nr. 60 erweist sich als Panoramastraße, meist direkt am Meeresufer entlang. Manchmal, wenn eine Landzunge nicht umfahren wird, klettert die Straße hinauf auf ein oft kahles Fjell/Heide-Gebiet. Für Abwechslung ist also gesorgt.

An der Spitze einer dieser Landzungen liegt das Dörfchen Reykhólar (Straße Nr. 607). Nicht mehr als 130 Seelen zählt das Dorf, gilt aber als „Hauptstadt des Seetangs“. Als Nahrungsmittel und Kosmetika (Badezusätze) hat sich diese Pflanze bekanntlich einen Namen gemacht. Kein Wunder also, dass die Restaurants damit werben, ebenso wie die in der Landschaft verstreut liegenden Hotels (zum Beispiel Flókalundur) für ihre Hot Pools.

So treidele ich gemächlich Kilometer für Kilometer in die immer intensiver werdende Einsamkeit hinein. Fjordstraßen reizen nun einmal nicht zum schnellen

Vorankommen, schon gar nicht, wenn die Teerstraße in Schotterstraße mutiert. Letzteres gilt kurz nach Reykhólar für einen kurvenreichen, gebirgigen 27 Kilometer langen Straßenabschnitt (Straße Nr. 60).

Nach gut der Hälfte der Strecke folge ich nicht mehr der Straße Nr. 60 (Abbiegung Richtung Ísafjörður), sondern wechsele auf die Straße Nr. 62. Sie bleibt Teerstraße bis nach Patreksfjörður und Tálknafjörður.

Auch diese beiden Dörfer konzentrieren sich neben der Fischerei als Haupterwerbszweig auf die Produktion und Verarbeitung von Seetang. Freunde von Vogelbeobachtungen finden vor Patreksfjörður ein Hinweisschild: Látrabjarg. Wer Schotterstraßen nicht scheut, erreicht nach 46 Kilometern nicht nur den westlichsten Punkt Islands, sondern auch einen der größten Vogelfelsen der Welt. Auf und an dem 450 Meter hohen Kliff tummeln sich Millionen von Seevögeln, u. a. Papageientaucher und Lummen. Der Blick über den Breiðafjörður auf den südlichen Snæfellsjökull (85 Kilometer Luftlinie) ist auch nicht zu verachten.

Nach Tálknafjörður reizt mich zusätzlich der Abstecher ins 15 Kilometer entfernte Fischerdörfchen Bíldudalur. Neben dem idyllischen Ortsbild kann man sich hier von der isländischen „Nessi" im Sea Monster Museum umgarnen lassen. Das Thema „Ungeheuer/Hexerei" begegnet mir später noch einmal auf der Strecke nach Ísafjörður.

Schotterpistenfreaks nehmen von hier aus den direkten Weg nach Ísafjörður (Straßen Nr. 63, 60, etwa 160 Kilometer, davon rund 90 Kilometer Gravel Road). Persönlich bevorzuge ich mit meinem nicht geländegängigen Wohnmobil die Teerstraßen. Also geht es den Weg zurück bis zur Abzweigung der Straße Nr. 61 (nicht weit von Reykhólar entfernt). Fjordstraßen in umgekehrter Richtung präsentieren sich mindestens ebenso interessant wie auf der Hinfahrt, also keine Spur vom Gefühl unnützer Umwege oder Langweile.

Die durchgängig geteerte Straße Nr. 61 führt mich nunmehr direkt nach Ísafjörður, zunächst als Querverbindung an den nördlicheren, riesigen Fjord Ísafjarðardjúp, anschließend immer direkt an ihm entlang. Über viele Kilometer genieße ich nichts anderes als wunderbare Fjordstraße. Sie ist dem Fetzen Land zwischen Meer und Gebirge quasi abgerungen, so dicht rücken die Berge ans Ufer. Da bleibt kaum Unterland für eventuelle Landwirtschaft, lediglich an den Fjordenden manchmal. Hin und wieder schneiden die Fjorde bis zu 20 Kilometer ins Land hinein. So erklärt sich

Vorgartenidylle in Ísafjörður

auch, dass ich auf den 230 Kilometern nach Überquerung der Steingrímsfjarðarheiði lediglich sechs Fjorde umfahre. Bei klarer Sicht leuchtet von der gegenüberliegenden östlichen, fast unbewohnten Halbinsel der Gletscher Drangajökull herüber.

Im Südteil dieser Fjordkurverei lasse ich mir zwei Zwischenstopps nicht entgehen. Der erste ergibt sich im Dorf Hólmavík. Wo Einsamkeit dominiert, sind irdisch-überirdische Gedankengänge oft nicht weit. Da tut es nicht Wunder, dass gerade in solchen Regionen Formen von „Geistern" und „Hexerei" Hochkonjunktur haben. Also fehlt ein Besuch im dortigen Hexen- und Geistermuseum nicht. Formen, Utensilien und Dokumente aus jener dunklen Epoche (überwiegend 17./18. Jahrhundert) gewähren einen guten Einblick ins „Hexenhandwerk" und wie man es bekämpfte. Auffällig ist dabei, dass es sich überwiegend um Hexer handelte. Nur eine Frau soll unter einem solchen Anklagepunkt verurteilt worden sein. Ich komme nicht umhin, ein Beispiel für Hexerei aus dieser Ausstellung zu präsentieren.

Genug der überirdischen Kräfte. Irdisch handfester geht es kurz darauf im Dorf Drangsnes auf der südöstlichen Halbinsel Bjarnarfjarðará zu. Die kleine, vorgelagerte Insel Grimsey (zehn Fährminuten entfernt) ist bevölkert von unzähligen Papageientauchern. Das inselhafte Naturschutzgebiet ist zu Fuß in 30 Minuten umrundet. Also bleibt viel Zeit für ornithologische Beobachtungen.

Nábrók

Eine der schwierigsten Formen von Hexereikunst, die in isländischen Zauberbüchern und Volkslegenden erwähnt werden, ist zweifellos die Nábrók (wörtlich: Leichenhose). Dabei geht es um ein Verfahren, mithilfe übernatürlicher Kräfte Reichtum anzuhäufen.

Zunächst muss der Zauberer mit einem noch lebenden Menschen einen Pakt schließen. Durch diesen Pakt soll der Hexer die Erlaubnis erhalten, nach dem Tod seines Vertragspartners diesen wieder auszugraben, um ihn anschließend von der Taille abwärts zu häuten. Die Haut muss völlig intakt sein und darf weder Risse noch Löcher aufweisen. Anschließend steigt der Zauber in diese Haut, die sofort eins mit seiner eigenen wird.

Zusätzlich stiehlt der Zauberer noch eine alte Münze von einer Witwe, entweder an Weihnachten, Ostern oder Pfingsten. Diese Münze bewahrt der Hexer im Hodensack auf. Es heißt, dass diese Münze dann ständig Geld von lebenden Personen einzieht, der Hodensack somit niemals leer wird, wenn der Zauberer nachsieht.

Allerdings ist auch das Seelenheil des Hexers gefährdet, falls er sich nicht der Leichenhose entledigt, bevor er selbst stirbt. Denn dann wird er direkt nach seinem Tod von Läusen befallen werden. Der Hexer muss deshalb rechtzeitig jemanden finden, der sein Bein in das rechte Hosenbein steckt, bevor er selbst aus dem linken Hosenbein fährt. Die Zauberkunst besagt, dass die Leichenhose so auch weiteren Generationen viel Geld einbringen wird. Klingt doch logisch – oder?

Von einem Hot Pool bei der Hotelanlage Reykjanes, der kleinen historischen Hütte Litlibær („kleine Farm" von 1895) und einem weiteren Aussichtspunkt rund 40 Kilometer vor Ísafjörður abgesehen, bleiben die Anlässe zu Fahrtunterbrechungen rar. Der erwähnte Aussichtspunkt lässt noch nicht auf die Zielstadt blicken, sondern auf das Dorf Súðavík jenseits des Fjordes. Nicht einfach hindurchfahren, rate ich, sondern einen Besuch im dortigen Arctic Fox Centre einplanen. Museum und Schutzstation zugleich, kümmert sich die Non-Profit-Einrichtung um Forschung und Erhalt der seit rund 2000 Jahren in Island lebenden Fuchsart, die einzige Spezies, die hier bereits vor der eigentlichen Besiedlung der Insel lebte.

Doch danach rolle ich bald ein in die „nordische Metropole". Als erstes fällt der riesige Fischerei- und Industriehafen ins Auge. Der Charme der Stadt wird auf den zweiten Blick sichtbar. Mit seinen rund 2900 Einwohnern zählt der Ort mehr Bewohner als sämtliche ihn umgebende Dörfer und Siedlungen zusammen.

Den zweiten Blick, der durchaus lohnt, gewinne ich durch einen der angebotenen Stadtspaziergänge. Insgesamt gibt es davon drei von unterschiedlicher Länge. Mein Stadtrundgang beinhaltet mit seinen vier Kilometern Länge gleichfalls die beiden anderen. So durchquere ich unterwegs den historischen Stadtteil, am Botanischen Garten geht es vorbei, und das Westfjord Meeresmuseum bleibt auch nicht links liegen. Immer wieder lande ich an einer der drei Uferpromenaden und der sogenannten „Oberstadt". Mit sehr viel positiveren Gefühlen als beim ersten Stadtanblick beende ich diesen Rundgang.

Seitdem Mitte/Ende der 1990er-Jahre zwei verkehrswichtige Tunnel für die abgelegenen Dörfer im Norden, Westen und Südwesten gebaut wurden, sind auch diese

Fischerhütte in Bolungarvík

Gemeinden besser an das „aktive Leben“ angeschlossen. Dabei spreche ich von den Siedlungen Bolungarvík, Suðureyri, Flateyri und þingeyri. Jedes Dorf hat eine oder mehrere Sehenswürdigkeiten aufzuweisen. Bei Bolungarvík lädt gleich nach Verlassen des Tunnels das kleine Fischer- und Meeresmuseum zum Besuch ein. Im Ort selbst ergänzt das Naturhistorische Museum das Besuchsprogramm. In Suðureyri vertrete ich mir die Beine auf dem „Fisherman Seafood Trail“ mit Kostproben als Wegzehrung. Þingeyri öffnet dem Besucher die Tore seiner ehemaligen Schmiede, Old Blacksmith’s Workshop. Die Ereignisse einer der berühmtesten isländischen Sagas (aus dem 12. Jahrhundert, verschriftlicht erst im 15. Jahrhundert), die über Gísli Súrsson, soll sich in dieser Gegend zugetragen haben. Schließlich Flateyri, die wohl touristischste dieser kleinen Küstengebirgsgemeinden. Im Ortszentrum kann The Old Bookstore betreten werden, eine Mischung aus Secondhandshop und Museum. Aber auch das internationale Puppenmuseum findet seine Gäste. Über die Häuser der Hauptstraße gibt es meistens einen kurzen historischen Abriss in Form von Informationstafeln. Nachdenklich stimmt hingegen der Gedenkstein bei der Kirche zu Ehren der 20 Lawinenopfer von 1995. Gemeinsam haben alle Orte, dass sie auf und um ihre Hausberge herum einladende Wandermöglichkeiten aufweisen.

Die Westfjorde sind in wesentlichen Teilen erkundet. Zurück soll es deshalb, wie auch bereits vorher, auf den gleichen Straßen wie die Tour gen Norden gehen. Ehrlich gesagt, außer einigen Gebirgsstrecken für Allradfahrzeuge – aber nicht für mein Wohnmobil –, gibt es keine wirklichen Alternativen. Ich erfreue mich also noch einmal an den Anblicken auf der schier endlosen Fjordstraße und verbinde dies mit der Hoffnung auf wärmere Temperaturen an der südlicheren Nordküste.

Zwischen Robben, Heringen und Walen – Nordküste

Die Hoffnung auf höhere Sommertemperaturen erfüllt sich an der südlicheren Nordküste nicht. Im Gegenteil, bei fünf bis sechs Grad Mittagskälte sehne ich mich fast noch nach den nördlicheren Westfjorden zurück. Dort hoch oben im Norden schien wenigstens noch die Sonne. Hier hat sich ein Dauerregentiefgebiet festgesetzt. Alles ist in ein nasses, nebliges Grau gehüllt. Da bleiben auch die Aussichtspunkte verwaist. Doch wer Island kennt, weiß, dass diese Wetterlagen zum sommerlichen Alltag gehören.

Nachdem ich nun die unzähligen Windungen der Fjord- und Gebirgsstraße hinter mich gebracht habe (Straßen Nr. 61, 60, 59, 68) stoße ich in der Spitze des Hrútafjörður wieder auf die Ringstraße. Nur wenige Kilometer sind es bis zur Abzweigung nach Hvammstangi (Straße Nr. 72) auf der Halbinsel Vatnsnes.

In dem kleinen Ort schaue ich mich nach dem isländischen Seal Center/Robbenzentrum um. Im Zentrumsmuseum (gleichzeitig auch Forschungsstation) gibt es die Tiere lediglich ausgestopft zu sehen, dafür aber jede Menge guter Informationen und einen hervorragenden Film. Live erleben möchte ich die Robben auf einer der angebotenen 90-minütigen Bootstouren. Daraus wird allerdings wegen des Sturms nichts. Somit begnüge ich mich, Wetter hin, Wetter her, mit einem Spaziergang am Ufer, von wo aus ich dann einige Exemplare mit bloßem Auge erspähen kann. Hat sich also doch gelohnt, der kleine Abstecher in diesen Fischerort.

Einige Kilometer östlicher (über die Ringstraße) in Blönduós präsentiert ein Textilmuseum eine umfangreiche Sammlung von Nationaltrachten sowie bestickter Unterwäsche, nebst eines tieferen Einblicks in die „Rolle der Wolle“ im Land. Fahren wir anschließend noch ein Stück nördlicher in den Badeort Skagaströnd. Das Museum für Weissagungen hat sich hier etabliert. Die beiden überaus freundlichen Museumsleiterinnen sagen auch Ihnen auf Wunsch etwas über die Ihre Zukunft voraus. Dabei betonen sie aber gleichzeitig, dass man solche Prophezeiungen nicht zu ernst nehmen sollte. Der eigentliche museale Schwerpunkt liegt eher auf der unterschiedlichen Handhabungen von Zukunftslesereien: Kaffeesatz, Karten, Würfel, Glaskugel bzw. Aus-der-Hand-lesen. Für fast jede dieser verschiedenen Vorhersagungsarten ist eine entsprechend ausgestattete Kulissenkammer eingerichtet. Besonders belustigend erweist sich beim Rundgang eine ehemalige Form der Wettervorhersage mithilfe eines frischen Hammeldarms. Dort, wo noch Ausbeulungen durch die noch nicht verdaute Nahrung ausgemacht werden

Im Seal Center von Hvammstangi

können, wird es schlechtes Wetter geben. Die glatten Darmpartien künden Sonnenschein an. Der Strang ist stets auf einen Monat ausgelegt. Und im nächsten Monat? Schlachtet man wieder ein Schaf, womit die Wetterprognose von neuem beginnen kann.

Im optischen und thematischen Mittelpunkt dieses Museums steht allerdings das Leben einer früheren Weissagerin der Region. Als menschengroße Puppe nimmt Þórdís Gestalt an. Hier folgt die Legende über sie, so wie die beiden Damen sie mir bei einem Kaffeeplausch berichten.

Einer isländischen Sage nach lebte im 10. Jahrhundert die Wahrsagerin Þórdís auf dem Hof Spákonufell am Fuße des gleichnamigen Berges. Þórdís war u. a. dafür bekannt, den ersten isländischen Missionar aufgezogen zu haben. Þorvalur Koðránsson war sein Name, was so viel bedeutet wie der „Weitgereiste". Weiter heißt es, dass die Wahrsagerin jeden Tag den Berg bestieg, um ihr Haar mit einem güldenen Kamm zu kämmen.

Am Ende ihres Lebens soll sie eine Schatzkiste auf den Berg getragen und auf einem Felsabsatz abgestellt haben. Dieser Felssporn wird deshalb auch heute noch „Burg des Wahrsagerinnenberges" genannt. Als Vermächtnis gab Þórdís der Nachwelt mit auf den Weg, dass nur jene Frau die Kiste finden und öffnen könne, die weder im Namen der Dreiheiligkeit getauft, noch im Namen einer Gottheit erzogen worden sei. Zwei Raben würden der Richtigen dann den Schlüssel überbringen.

Bisher allerdings habe noch keine Frau, die diesen Bedingungen entsprechen würde, Anspruch auf die Kiste erhoben, sodass man sie noch an ihrem Ort vermuten dürfe.

Übrigens, Anmeldungen für die Schatzsuche nimmt das Museum entgegen!

Wer die gesamte Halbinsel Skagaheiði umfahren möchte, stelle sich auf rund 60 Kilometer Schotterstraße ein. Ich bevorzuge die geteerte Querung (Straße Nr. 744). Beide Strecken enden im Dorf Sauðárkrókur. Markantester Blickfang ist die Statue eines stolzen Islandpferdes gegenüber vom bunten, augenscheinlich überdimensionierten Rathaus.

Die nun folgende östliche Halbinsel Tröllaskagi (über die Ringstraße erreichbar, dann Nr. 76) bietet weitere, sehr lohnende Anlaufstationen. Gern würde ich die sicherlich sehr anmutigen Impressionen dieser rund 90 Kilometer langen panoramaartigen Küstenstraße bis zu zurück an die Ringstraße schildern. Doch der Wettergott hat sich noch gesteigert. Heftiger Sturm peitscht die See, die weiße Gischt der Wellen bedeckt nunmehr große Meeresflächen. Suchende Blicke aufs Wasser oder die Berge zeigen keinen Erfolg – so undurchdringlich diesig grau bleibt es nicht nur für Stunden. Heftiger Dauerregen komplettiert dieses Gemenge. Also konzentriere ich mich auf „Innenansichten".

Von West nach Ost gesehen, bietet sich die erste Gelegenheit hierzu im Küstenort Hofsós mit dem Zentrum für Auswanderung. Der Schwerpunkt liegt dabei auf Schilderungen von familiären Schicksalen aus dem Dorf selbst.

In der nördlichsten Stadt Islands, in Siglufjörður lädt ein ausgezeichnetes, in einem ehemaligen Bootsschuppen untergebrachtes Heringsmuseum zum Besuch ein. Die heute rund 1300 Einwohner zählende Stadt war einst nordisländisches Zentrum dieses Fischereizweiges (1938 bis 1954). Trawler unterschiedlicher Größen hat man kunstvoll zu einem Ensemble in dem Schuppen aufgereiht. Unterfüttert wird die Ausstellung mit zahlreichen Text- und Fotodokumenten, einschließlich eines rührenden Schwarz-Weiß-Filmes (auf Deutsch!) über das karge, harte Leben der Fischer und Bauern.

Erheblich lieblicher geht es 500 Meter davon entfernt im isländischen Zentrum für Volksmusik zu (Rev. Bjarni Þorsteinsson's Centre). Wer auf einem der dort ausgestellten Instrumente sein Können unter Beweis stellen möchte, der sei herzlich dazu eingeladen. Viele Hörbeispiele unterlegen klangvoll den Rundgang – einfach ein optischer und akustischer Hochgenuss. Beim Wechsel von einem Museum zum anderen durchstreift man automatisch den Ortskern mit buntem Kutterhafen.

Früher musste man, um an der Ostküste der Halbinsel wieder nach Süden zu gelangen, eine große Schleife durchs Gebirge ziehen (Straße Nr. 82, ca. 40 Kilometer, Schotterstraße). Seit dem Jahrtausendwechsel verkürzen zwei insgesamt elf Kilometer lange einspurige Tunnel die Strecke nach Ólafsfjörður. Die Wetterlage hat hier ganze Arbeit geleistet. Das halbe Dorf steht unter Wasser, Feuerwehr und weitere Hilfskräfte pumpen mit voller Kraft Häuser und Straßen leer. Darunter auch das Gebäude des Naturmuseums sowie das Kellergeschoss des Schwimmbades. Also wird nichts aus dem geplanten Museumsbesuch mit anschließendem Relaxen

Siglufjörður – Heringsmuseum

im warmen Pool. Zu allem Überdruss besteht der örtliche Campingplatz, meine avisierte Übernachtungsmöglichkeit, auch nur noch aus großer Wasserfläche. Jede Münze hat zwei Seiten. Mit offizieller polizeilicher Erlaubnis darf ich ausnahmsweise auf einem öffentlichen, nicht überschwemmten Parkplatz nächtigen, zwar ohne Infrastruktur (macht nichts, habe ich im Wohnmobil ja selbst), dafür gratis.

Nach diesem „Seeerlebnis" heißt mein nächstes Ziel Dalvík, rund 20 Kilometer südlich von Ólafsfjörður. Ein weiterer knapp vier Kilometer langer, einspuriger Tunnel (Straße Nr. 82) an der Ostküste der Halbinsel erspart viel Schotterstraße, sodass ich kurz darauf in das Fischerdorf (1500 Einwohner) einrolle. Schon von Weitem leuchtet mir die strahlend weiße Kirche entgegen – vor den mit Schnee bedeckten Bergen ein fantastischer Anblick.

In Dalvík legt die Fähre (drei Mal pro Woche) zum nördlichsten Außenposten Islands, zur Insel Grimsey ab. Gut 40 Kilometer von der Hauptinsel entfernt ragt der 5,3 Quadratkilometer große „grüne Smaragd" aus dem Meer empor. Rund drei Stunden dauert die Fährüberfahrt. Warum diesen Abstecher unternehmen? Nun, außer einer grün-saftigen Natur mit bunter Vogelwelt kann man hier als einzige

Nordisches Sommerwetter

Möglichkeit in Island den nördlichen Polarkreis erreichen und überschreiten. Also, wer genügend Zeit für seine Islandtour mitbringt, es lohnt sich.

Doch zurück zum Fischerort Dalvík. Seine größte und markanteste Attraktion verbirgt sich im Heimatmusem. „Riese von Island", auch „Vikingerriese", wurde Jóhann K. Pétursson genannt. Stolze 2,34 Meter maß er zu Lebzeiten (1913 bis 1984) bei einem Gewicht von 163 Kilogramm. Ausgeschildert wird er als der „größte Mann der Welt". Dieser Superlativ mag dahingestellt bleiben, denn auf einer meiner Nordamerikareisen konnte ich bereits einmal den „größten Mann der Welt", Robert Wadlow, bestaunen (2,41 Meter, Statue in der Stadt Alton, Illinois). Doch spielen die wenigen Zentimeter Unterschied wirklich eine Rolle? Unser isländischer Riese wusste sich jedenfalls gut zu vermarkten. Mit einem Zirkus zog er um die ganze Welt und stellte sich zur Schau. Bei so viel Gigantismus geht die museale Sonderausstellung zu einem der großen Söhne des Dorfes, dem ehemaligen isländischen Präsidenten Kristján Eldjárn (1916 bis 1982, von 1968 bis 1980 Präsident), fast unter.

Winziges Dorf mit enormer Attraktion. Ich spreche jetzt von Hauganes (nicht einmal 150 Einwohner). Zu finden ist es auf dem Weg nach Akureyri rund zwölf Kilometer südlich von Dalvík (Straße Nr. 82).

„Wal auf 11 Uhr"

So klingt es aus dem Ausguck des ehemaligen Trawlers Níels Jónsson. Ich bin auf gut dreistündiger Walbeobachtungsfahrt im Eyjafjörður, Whales Hauganes (whales.is) macht es möglich. Die ehemalige Fischerfamilie ist nach Firmenumstrukturierung nunmehr auf touristischem Fischfang. Stolz weist der Besitzer darauf hin, dass sein Unternehmen Islands ältester Touranbieter für Walbeobachtung sei, in alternativer Kombination mit Angeltouren.

Mit zwei originalen Eichenbooten, ökologisch unbedenklich, da Diesel aus recyceltem Frittierfett gewonnen wird, laufen wir in den Fjord hinaus aus. Das ruhige Wasser im kleinen Hafen wird schnell zur Schaukelpartie im offenen Fjord. Weit brauchen wir allerdings nicht zu fahren, denn die Buckelwale leben hier permanent von März bis teilweise November. Danach geht es in wärmere Gefilde.

Rund 20 Passagiere, eingemummelt in wetterfeste, warme Overalls und mit Kameras bestückt, scannen mit ihren Augen das Wasser ab. Doch kein Wal lässt sich blicken. Unser Guide Margret, ein junges Familienmitglied, beruhigt. Walsichtung wird quasi garantiert. Schließlich klettert die junge Dame auf den Ausguck, ein sicheres Zeichen, dass wir wohl bald Erfolg haben werden.

Vorher hat Margret noch erläutert, wie sie uns auf auftauchende Wale aufmerksam machen wird. Von dort oben kann sie den Auf- und Abtauchvorgang präziser entdecken als wir von den Schiffsplanken aus. Eine halbhohe Aussichtsplattform wurde noch über der Schiffsbrücke installiert, also Platz genug für jeden.

Und da ertönt es dann auch bald: „Wal auf 11 Uhr". Wer sich noch nicht bereits an Backbord aufhält, eilt auf diese Seite. Bei dem Wellengang kommt so mancher ins Trudeln. Das Boot neigt sich beträchtlich auf die Seite mit den Passagieren. Tatsächlich taucht ein erster Wal mit seiner typischen Fontäne kurz über der Wasseroberfläche auf. Die Auslöser der Fotoapparate klicken, nicht jedem ist Erfolg beschert. Nun wird es erst einmal mindestens sechs bis acht Minuten dauern, bis er wieder zum Atmen an die Oberfläche schwimmt. Manchmal sogar bis zu 30 Minuten, erläutert der Guide.

Doch alles ist gut organisiert. Nach rund fünf Minuten erfolgt vom Ausguck aus ein erneuter Hinweis für schussbereite Fotoapparate. Unser Beobachtungsobjekt soll ja demnächst wieder sichtbar werden. So geschieht es auch: „Wal auf 1 Uhr". Das Spiel mit dem Seitenwechsel, jetzt nach Steuerbord, beginnt von Neuem. Dieses Mal präsentiert sich unser Buckelwal ausgiebiger, beim Abtauchen sogar mit der typisch im Meer verschwindenden Schwanzflosse. Noch mehrere Male werden wir so in Atem gehalten. Vor Spannung ist es oft mucksmäuschenstill. Selbst die mitreisenden Kinder verlieren zu keinem Zeitpunkt ihre Geduld oder langweilen sich. Und zeitweilig vergessen wir bei dem „Walkrimi" sogar Kälte und Regen.

Nach gut einer Stunde kündigt Margret an, dass wir uns noch in Richtung Norden zur Fjordmündung hin bewegen werden. Dort sollen zwei weitere Buckelwale in ihren heimischen Fjordgewässern schwimmen. Der Transfer wird versüßt mit Kaffee, Tee, Schokolade und Gebäck.

Bald beginnt das spannende Beobachtungsspiel erneut. Bei zwei Walmöglichkeiten verkürzen sich natürlich auch die Wartezeiten. Es klappt ziemlich auf Anhieb mit den Fotoanlässen. Die Fahrt wird zu einem echten Bewegungsspiel, denn unsere beiden Wale tauchen natürlich nicht immer auf der gleichen Schiffsseite auf. Geschickt steuert der Kapitän uns immer wieder möglichst dicht an die Wale heran. Höhepunkt wäre natürlich, beide Tiere auf einer Seite zu sichten. Auch dieses Manöver gelingt schließlich.

Wie zufrieden wir als Tourgäste mit dieser Fahrt sind, zeigt sich auch darin, dass wohl die meisten genügend Fotos schießen konnten. Man fängt bereits an, sie sich gegenseitig zu zeigen. Dieser beobachtbare Sättigungsgrad dient offensichtlich auch als Zeichen für die Rückkehr zum Hafen. Ein sehr günstiger Zeitpunkt, denn wesentlich unterschiedliche Beobachtungsanlässe würden sich sicherlich auch nicht mehr bieten.

Fazit: Wer die isländische Nordküste auf der Straße Nr. 82 bereist, sollte sich diese exzellente und preisgünstige Waltour nicht entgehen lassen.

Während der Whale Watching Tour kreuzen wir direkt auch vor der Fjordinsel Hrísey. Wer sich dieses Naturparadies genauer ansehen möchte, findet ein entsprechendes Hinweisschild an der Straße Nr. 82 auf dem Weg nach Akureyri. Nur 15 Minuten dauert die Fährüberfahrt ab Árskógssandur. Sie ist eine der am

Whale Watching in Hauganes

längsten bewohnten isländischen Inseln. Als akzeptabler Lebensraum wird sie nämlich seit Beginn der Besiedlung Islands eingestuft, also etwa ab dem Jahr 900. Touristisch macht sich das Eiland einen Namen als ornithologisches Paradies, da es für die Vögel hier keine natürlichen Feinde geben soll.

Beenden wir dieses Kapitel mit einem Stadtrundgang in Islands zweitgrößter Stadt Akureyri. Man könnte sie auch die „Stadt mit Herz" nennen. Denn die roten Lichter an den Verkehrsampeln sind in Herzform gehalten. Da wartet man doch gleich viel lieber auf die Grünphase.

Am Ende des Eyjafjörður gelegen, war Akureyri in früheren Jahrhunderten noch keine so blühende Stadt, geschweige denn touristisches Topziel (inklusive Anlaufhafen für Kreuzfahrtschiffe). Allein die Namenbedeutung als „Das Kap bei den grünen Feldern" weist auf ehemalige Siedlungsformen hin. Heute wird der 19.000 Einwohner zählende Ort drei Mal täglich allein von Reykjavík aus angeflogen.

Auf dem Weg zu den Walen

Also hinein gerollt (ca. 50 Kilometer südlich von Hauganes, Straße Nr. 82 und Ringstraße Nr. 1). Parkplatzprobleme gibt es nicht. Am Hafen mit dem als „Hof" bezeichneten Veranstaltungs- und Kongresszentrum samt Touristeninformation befinden sich genügend Parkplätze. Das enorme, runde Gebäude kann bei der Einfahrt über die Ringstraße nicht übersehen werden. Dicht am Stadtzentrum gelegen, geht dieser Ausgangspunkt kaum günstiger für eine ausgedehnte Stadtbesichtigung.

Wer mag, kann hier in der Strandgata sofort mit seinem Besichtigungsprogramm beginnen. Das nahe gelegene Museum Into the Arctic lässt den Besucher über zahlreiche Displays und besonders auch historische Dokumentationsfilme teilhaben an der Erforschung der Polarregionen wie zum Beispiel der ersten Bezwingung der berühmten „Nord-West-Passage" (Roald Amundsen, 1872 bis 1928), erweitert aber auch an einer aktuelleren Querung Grönlands per Super-Jeep über die Binnenlandeiskappe. Für weitere städtische Erkundungen kann man sich anschließend gleich im dazugehörigen Restaurant stärken.

Das eigentliche Stadtzentrum mit Shoppingcenter, Restaurants und Cafés ist recht rasch durchschritten, so klein und gemütlich kommt es daher. Vorbei am Rathausplatz (an dem nie ein Rathaus stand) erblicke ich kurz darauf auch Akureyris Wahrzeichen, die Kirche (evangelisch) hoch oben auf einem Hügel. Allein die gut 100 Treppenstufen bergan sind schon ein Erlebnis. Im Kircheninneren fallen besonders die bunten Kirchenfenster ins Auge. Die benachbarte, steile Straße (Kaupvangsstræti) gilt als Kunstmeile. Nur 500 Meter sind es von der Kirche bis zum Botanischen Garten (ausgeschildert). Als einer der nördlichsten Gartenanlagen der Welt widmet er sich natürlich besonders den einheimischen Pflanzenarten, aber nicht nur. Von hier aus (ein wenig zurück Richtung Kirche) steige ich über eine Holztreppe hinab auf Meeresspiegelhöhe, vorbei am historischen Gebäude Sigurhæðir mit Wasserfall.

Nach rund einem Kilometer stadtauswärts betrete ich das Heimatmuseum und gleich nebenan Nonnis Haus. Besonders die letztere Einrichtung könnte manchem Leser bekannt vorkommen. Erinnern Sie sich an die TV-Serie „Nonni und Manni" (u. a. ZDF Weihnachten 1988)? Sie spielt auf Island. Der Autor des dazugehörigen Buches Jón Sveinsson (1857 bis 1944) lebte als Pastor in Akureyri. Gestorben ist er übrigens in Köln. Sein ehemaliges Wohnhaus samt hölzerner Gedächtniskapelle ist heute Museum. Schließlich mache ich mich noch auf ans andere, nördliche Stadtende (ca. drei Kilometer Fußweg). Die ehemalige Siedlungsphase, „Landnahme" genannt, spiegelt sich auch in Akureyri in Form einer ausdrucksvollen

Akureyri – Kirche als Wahrzeichen

Statue wider. Hoch oben auf einem Felsplateau, von keinen Gebäuden gestört, schweift mein Blick gleichzeitig auf die sommerlich-winterlich schneebedeckten Berge, die die Stadt umgeben.

Solche „Stadtspaziergänge“ sind vielleicht nicht jedermanns Geschmack. Aber sie lohnen. Und da die Stadt um ihre touristischen Schätze weiß, bietet sie für die Stadterkundung gleichfalls kostenlosen Linienbusverkehr an. Doch Wanderfreaks (inner- und außerstädtisch) machen sich lieber die teils ausgeschilderten oder selbst erkundeten Stadtrundgänge zunutze, auch mithilfe von manchmal ausgewiesenen Erkundungsvorschlägen. Für Akureyri kann ich die folgenden vier Rundgänge sehr empfehlen: 1) „Historischer Pfad“ (ca. vier Kilometer), 2) „Die ersten Siedler und spätere Architekturveränderungen“ (ca. drei Kilometer), 3) „Fluss und Gärten“ (ca. fünf Kilometer), 4) „Meer und Oddeyrin“ (der zweitälteste Stadtteil, ca. zwei Kilometer). All diese Wanderungen sind gut miteinander kombinierbar. Und irgendwie landen Sie immer wieder im Stadtzentrum.

Diese Zeilen über meine Stadtbesichtigung erheben mitnichten den Anspruch auf Vollständigkeit. Eine Reihe weiterer Museen, zum Beispiel das Motorradmuseum, Industriemuseum, Flug- und Luftfahrtmuseum etc. lagen nicht so sehr in meinem Interesse. Vielleicht beim nächsten Mal.

An dieser Stelle bietet sich ein Schnitt für ein weiteres Kapitel an, um mich dem letzten Streckenabschnitt auf meiner Islandrundtour zu widmen.

Der Kreis schließt sich

Äußerst aktives Geothermalgebiet, Blaue Lagune, sich bizarr auftürmende Lavaformationen, viertgrößter See Islands, Insektenstiche ohne Ende – wenn das nicht nach touristischer Anziehungskraft klingt! Rund 100 Kilometer auf der Ringstraße Richtung Osten (kurz hinter Akureyri durchfährt man einen neuen, mautpflichtigen Tunnel), dann stehe ich auch schon an der Nordostseite des Mývatn im Ort Reykjahlíð.

Auf ungefähr der Hälfte der Strecke, direkt an der Ringstraße gelegen, verbirgt sich hinter einer weit sichtbaren Wasserwolke der mächtige Goðafoss. Gespeist wird er vom Fluss Skjálfandafljót. Von drei Felsteilen, je eine breite links und rechts sowie eine schmale in der Mitte, wird der Flusslauf unterbrochen, bevor er auf 158 Metern Breite zwölf Meter in die Tiefe stürzt. Er gilt als einer der schönsten in Island. Der voll besetzte, große Parkplatz spricht hierfür Bände. Die Besucherströme verteilen sich glücklicherweise, denn das Naturschauspiel kann auf gut ausgebauten Wegen von beiden Uferseiten her besichtigt werden.

Interessanter als die rein technischen Daten finde ich die Namensbedeutung als „Wasserfall der Götter". Diese Bezeichnung basiert auf der Epoche der Christianisierung des Landes. Demnach soll um das Jahr 1000 der Gode und Gesetzessprecher Þorgeir Ljósvetningagoði Þorkelsson nach erfolgter Übernahme des Christentums als Staatsreligion die heidnischen Götzentafeln in diesem Wasserfall versenkt haben (Anmerkung: Eines der Glasfenster in der Kirche zu Akureyri erinnert an diese Begebenheit).

Solch eine Fahrtunterbrechung tut immer gut. Nun sind es nur noch 50 Kilometer bis zum Mývatn. Seiner Bezeichnung als „Mückensee" ist nichts hinzuzufügen. Sobald der Wind ein wenig nachlässt, vielleicht auch noch einmal die Sonne sich aus der Wolkendecke heraus traut, umschwärmen sie dich. Da leistet ein Moskitonetz mal wieder hervorragende Dienste. Es handelt sich dabei überwiegend um harmlose Zuckmücken, die nicht stechen, aber auch um stechversessene Kriebelmücken. An manchen Tagen bilden die Schwärme „schwarze Säulen", besonders an den Uferrändern.

Das Dorf Reykjahlíð bildet das touristische Kraftzentrum. Seine nicht einmal 200 Einwohner leben offensichtlich von den Besucherströmen. Mehrere Hotels, drei Campingplätze und so gut wie jedes Privathaus mit Gästebetten stehen zur

Mývatn – Blaue Lagune Nord

Verfügung. Das gut ausgestattete Informationszentrum an der Tankstelle (mit Supermarkt) bildet das eigentliche Dorfzentrum. Hier gibt es nicht nur ausgezeichnetes Informationsmaterial über die Region. Von hier aus fahren auch die verschiedenen Tourbusse für die angebotenen Exkursionen ab. Da führt die kleine, hübsche Dorfkirche am anderen Ende des Ortes eher ein Schattendasein. Direkt neben der Kirche endet eine mächtige erkaltete Lavazunge aus einem der früheren Vulkanausbrüche.

Wer genügend Zeit mitbringt, dem rate ich zu einer Seerundfahrt (nur knapp 40 Kilometer auf den Straßen Nr. 1 und 848) mit diversen Stopps an reizvollen Sehenswürdigkeiten. Meine Route führt mich im letzten Besichtigungsabschnitt dieses Naturparks im Uhrzeigersinn um das Gewässer herum. Zwar gibt es keinen ungehinderten Gesamtblick über die 37 Quadratkilometer große Wasserfläche, doch die optischen Unterbrechungen durch grüne Inselchen oder felsige Schären komplettieren den Reiz des Sees.

Vorher erkunde ich die unmittelbare Gegend um Reykjahlíð. Die Reihenfolge spielt dabei eigentlich keine Rolle, denn die Besichtigungspunkte befinden sich alle in einem Umkreis von maximal zehn Kilometern im Nordosten vom Dorf entfernt (jeweils gute Parkmöglichkeiten von der Straße Nr. 863 aus).

Die Krafla (818 Meter), das rund 100 Kilometer umfassende Vulkangebiet, prägt die geothermisch äußerst aktive Region. Auf der Wanderung um die Vulkanspalte Leirhnjúkur, wo es überall dampft und zischt, werde ich an den letzten Ausbruch 1984 erinnert. Stellenweise fühlt sich der Erdboden sogar noch warm an. Gleich nebenan liegt der Kratersee Víti (letzter Vulkanausbruch 1724). Also klettere ich die 80 Meter hinauf bis zum Kraterrand. Südlich davon stapfe ich durch das schwefelhaltige Solfatarenfeld Hverir und erklimme den 485 Meter hohen Námafjall,von wo aus sich eine fantastische Rundumsicht ergibt.

Damit nicht genug! Noch ein Stück südlicher gelange ich zum Naturschutzdenkmal Grjótagjá. Im Inneren dieser Lavahöhle könnte man in warmem Wasser ein Bad nehmen. Aus Sicherheitsgründen (Bakterien und Gefahr von Felsabbrüchen) bleibt dieses Vergnügen verboten. Doch auf eigenes Risiko darf man in die kleine Höhle klettern. Wenn nicht Baden, dann eben Duschen. Auf der Strecke zum Thermalkraftwerk auf einem kleinen Parkplatz brauche ich die heiße Außendusche nur anzustellen.

Heiße Freiluftdusche

Die Blaue Lagune nahe Reykjavík ist weltbekannt. Der Norden Islands besitzt auch eine solche, nämlich hier in unmittelbarer Nachbarschaft zum Kraftwerk, fast ebenso hübsch, dafür nicht so überlaufen. Man sieht, es gibt viel Interessantes zu erwandern, riechen und erkunden in engerer oder weiterer Dorfnähe.

Vor der eigentlichen Seeumrundung gönne ich mir noch einen zusätzlichen Exkursionsleckerbissen.

Wo Astronauten für ihre Mondlandung trainierten – Zum Vulkan Askja
Genau in dieses unwegsame Lavagebiet führt eine fantastische Tagestour mit einem Hochlandbus. Mit Mývatn Tours (myvatntours.is) habe ich das Glück, an ihr teilnehmen zu können.

Startpunkt für dieses Abenteuer ist die Touristeninformation in Reykjahlíð. Zwischen elf und zwölf Stunden wird die Tour in das isländische Hochland dauern. Wandergeeignete und wetterfeste, warme Kleidung sowie Wanderschuhe sind unablässig, denn nichts ist in Island verlässlicher als ein plötzlicher Wetterwechsel. Davon abgesehen, heißt es am Ziel, rund 2,5 Kilometer (einfache Strecke) über Schneefelder zum Askja-Vulkankrater zu wandern. Wie wichtig dieser Hinweis ist, zeigt sich u. a. daran, dass nicht adäquat ausgerüstete Tourteilnehmer nicht mitgenommen werden und den Bus nicht besteigen dürfen. Da es unterwegs in puncto Restaurants o. Ä. keinerlei Infrastruktur gibt, sorge jeder eigenständig für sein leibliches Wohl. Unterwegs gibt es genügend Stopps, sein mitgebrachtes Lunchpaket zu verzehren.

8 Uhr morgens, das Abenteuer kann beginnen. Rund 130 Kilometer sind es bis zum Ziel, davon nur die ersten 30 Kilometer auf einer Teestraße. Schon biegen wir ab auf die Hochlandstraße (F88). Von nun an fahren wir nur noch durch die größte unberührte Wüstenlandschaft Islands, über schwarze Sandebenen und durch weiße Bimssteinwildnis, unwirklich fremdartig und zugleich faszinierend. Im Zentrum des Hochlandes erhoffen wir uns bei klarer Sicht einen Blick auf Islands größten Gletscher Vatnajökull. Die Hoffnung geht in Erfüllung.

Einen ersten Stopp legen wir ein bei dem kleinen, hübschen Wasserfall Gáski, nicht ohne vorher den Fluss Grafarlandaá per Furt durchquert zu haben. Zwei weitere Furtdurchquerungen später landen wir in der Oase Herðubreiðarlindir bei dem Berg Herðubreið (1680 Meter), der „Königin" der isländischen Berge. Der „Breitschultrige" bedeutet er in der Übersetzung. In der Tat ähnelt dieser Tafelvulkan einem „breiten Kuchen". Ein mitreisender Italiener nennt ihn vergleichend „Panettone". In dieser Oase vereinigen sich Quellen, die an vielen Stellen aus dem Lavafeld dringen, zu dem Fluss Lindaá. So ermöglichen sie einen prächtigen Pflanzen- und Blumenwuchs mitten in der Wüste. Den Einfluss des Mývatn/Mückensees bekommen wir bei aufklarendem Wetter schnell zu spüren. Moskitos umschwirren uns recht schnell. Wohl dem, der sein Moskitonetz mit eingepackt hat!

Die Oase birgt noch eine nicht legendäre Geschichte: Als Strafe für ein Kapitalverbrechen wurde man in Island in früheren Zeiten (d. h. im 17. bis zum 19. Jahrhundert) entweder des Landes verwiesen oder im Hochland ausgesetzt. So erging es auch einem Verbrecher namens Fjalla-Eyvindur. Zusammen mit seiner Frau und einigen Kindern (Schätzungen zwischen zwei und sieben an der Zahl) fristete er sein Dasein in einer kleinen Felshöhle, hier in der Oase an einem der zahlreichen Bäche. Selbst die grausam kalten Winter überstand die Familie. Dank einer literarischen Aufarbeitung durch Jóhann Sigurjónsson erlangt der „Outlaw“ fast schon den Status eines Nationalhelden.

Nach Oasenrundgang und Blick in die steinerne Höhlenunterkunft des Verbannten rumpeln wir auf der Schotterpiste weiter zur nächsten Naturattraktion, dem Wasserfall Gljúfrasmiður, Der Fluss Jökulsá á Fjöllum hat sich eine imposante Schlucht gegraben, welche sich nun brausend und schäumend durch die Basaltwände stürzt.

Wir fahren weiter nach Süden und kommen in die Gegend, in der auf dem Bimssteinfeld die Raumfahrer der NASA vor ihrer Mondfahrt „Leben in der Wüste und auf dem Mond“ trainiert haben. Heute, so betont unsere Tourführerin Orðrud, kämen jedes Jahr NASA- Wissenschaftler in die Gegend, denn die geologischen Bedingungen sollen hier denen des Mars, dem nächsten Raumfahrtprojekt, ähneln.

Wir bleiben auf der Erde, auf der mittlerweile recht steil ansteigenden und immer rauer werdenden Hochlandstraße. Gegen Mittag erreichen wir das Ziel Vikraborgir bei der Askja.

Als Zentralvulkan beherrscht die Askja das rund 200 Kilometer lange gleichnamige Vulkansystem. Es setzt sich zusammen aus drei ineinander verschachtelten Calderen, die zusammen das Dyngjufjöll-Bergmassiv bilden. Eine letzte vulkanische Ausbruchsserie fand zu Beginn der 1960er-Jahre statt.

Von Vikraborgir aus heißt es wandern, wie gesagt 2,5 Kilometer einfache Strecke bis hin zum Kraterrand mit dem Kratersee Víti. Zunächst geht es bergan. Tief schwarze Lavafelder lösen sich ab mit Schneeflächen. Doch bald schweift der Blick über das weite, schwarzweiße Calderaplateau, das unser markierter Wanderweg (Holzpflöcke mit gelber Spitze) durchquert. Immer wieder wird davor gewarnt, den Wanderpfad zu verlassen. Sowohl die Schnee- wie auch die Lavaflächen können instabile Hohlräume in sich bergen, vom Naturschutz ganz zu schweigen. Der Erlebniswert dieser Wanderung wird durch diese Einschränkung in keiner Weise beeinträchtigt. Der Blick kann ungehindert über die gesamte Caldera schweifen.

Der von Weitem sichtbare Anstieg in der Ferne kündigt den Vulkankrater an. Mit abnehmender Distanz steigert sich der Schwefelgeruch. Unterwegs ist so manche von der Sonne aufgetaute Schneepfütze zu „umschiffen". Ein letzter rutschiger Anstieg, und schon blicke ich tief hinab auf den Kratersee und den unmittelbar benachbarten See Öskjuvatn/Calderasee. Bei seinen elf Quadratkilometern Größe und rund 200 Metern Tiefe ruht über ihm eine feierliche Stille. Es erscheint mir, als ob er einen ganz besonderen Zauber ausstrahlt. Wer es sich zutraut, kann den sehr steilen Abhang zum eigentlichen Kratersee Víti hinunterklettern. Wetterbedingt lässt sich in den warmen Schwefelfluten ein warmes Bad genießen. Auf meiner Tour gibt es aus Sicherheitsgründen diese Möglichkeit nicht. Denn in der Nacht hatte es frisch geschneit. Die Gefahr, dass überhängende Schneebretter in den Kratersee stürzen könnten, hat zu einem Badeverbot geführt.

Rund zwei Stunden verbringe ich mit dieser Vulkan-Krater-Wanderung. Dann beginnen wir gegen 15:30 Uhr die Rückfahrt auf gleicher Strecke wie die Hinfahrt. Das klingt zwar recht früh, aber vergessen wir nicht die gut 100 Kilometer auf unwegsamer Hochlandstraße. Das kostet Zeit und bedarf guten Sitzfleischs.

Zwei kleine Stopps sind noch eingeplant. Auf dem Rückweg halten wir bei der Schlucht Drekagil/Drachenschlucht und erhalten Gelegenheit, deren bizarre Felsformationen zu erkunden. Dieser Canyon befindet sich bereits wieder am Rand des Askja-Vulkansystems. Schließlich vertreten wir uns noch einmal kurz die Beine in der bereits erwähnten Oase Herðubreiðarlindir, bevor diese Tour gegen 19:30 Uhr am Startpunkt endet.

Fazit: Die Hin- wie die Rückfahrt sind in sich schon ein prickelndes Erlebnis, angereichert durch die sehr informativen Erläuterungen des Tourguides. Genügend Stopps mit Erkundungsmöglichkeiten lockern die eigentlich recht lange reine Fahrtzeit geschickt auf. An den einzelnen Anlaufpunkten steht immer genügend Zeit für kurze oder längere Rundgänge und zum Fotografieren zur Verfügung. Ein wirklich ausgezeichnetes Hochland- und Vulkanerlebnis. Authentischer geht Island nicht mehr.

Bei der sich anschließenden eigentlichen Seerumrundung stoße ich zunächst auf das Lavafeld Dimmuborgir. Ein Netz an Wanderwegen (Länge zwischen einem Kilometer und vernetzten acht Kilometern) schleust mich durch das labyrinthartige Feld der hohen und schroffen Lavagebilde. Skulpturengleich, mal mit, mal ohne löcherigen Durchbruch, sind sie den wetterbedingten Erosionen ausgesetzt. Die ausgeschilderten Wanderrunden inklusive der Lavakirche sollte sich

Die Vulkankraterseen der Askja

niemand entgehen lassen – insgesamt gute zwei Stunden Wander- und Besichtigungsgenuss.

Auf der späteren Weiterfahrt bieten sich immer wieder wunderschöne Seeblicke. Bereits auf dem Südwestufer versäume ich nicht einen Stopp beim Skútustaðagígar. Man könnte es einen „Teich im See" nennen, geschmückt durch einen Pseudokrater. Die Wanderung um Krater und Teich beschert nicht nur weitere Aussichten auf den Mývatn, sondern auch viele Beobachtungsmöglichkeiten der reichhaltigen Vogelwelt. Sowohl hier wie auch am gesamten Mývatn macht die ungewöhnlich große Häufung von verschiedenen Entenarten von sich reden. Mittlerweile sind sie zu einem eigenen ornithologischen Forschungsgebiet geworden. Warum gerade hier? Warum in dieser Vielfalt?

Wem die Füße dann immer noch nicht genug schmerzen, am nordwestlichen Ufer (bereits wieder an der Ringstraße Nr. 1), erweitert eine weitere Wandermöglichkeit an und auf den Vindbergjarfjall (529 Meter) die Facetten (m)einer Seeumrundung. Naturparadiesregion Mývatn – ich könnte noch über viele weitere Aktivitäten als die vorgestellten berichten.

Im Lavafeld Dimmuborgir

Für die weitere Fahrtroute kehre ich nicht zurück nach Reykjahlíð, denn bald biege ich ab in nordwestliche Richtung, um nach Húsavík zu gelangen. Die mit neuer Teerdecke versehene Straße Nr. 87 bringt mich auf hügeliger Strecke nach knapp 50 Kilometer in die sogenannte „Walhauptstadt" Islands.

Bei der Betitelung dreht sich in dem knapp 2000 Einwohner zählenden Ort (Húsavík bedeutet „Häuserbucht") das alltägliche wie auch das touristische Leben hauptsächlich um das größte Säugetier der Welt. Doch eben nicht nur! Schmuck ragt im Stadtzentrum der Turm der Holzkirche empor. Mit ihren hellen Holzwänden und roten Fensterumrahmungen ist dieses Gotteshaus eine echte pittoreske Besonderheit in der sonst nordisch kühlen Architektur.

Das Museum der Erkundungen steht nur ein Stück die Straße aufwärts. Es beschäftigt sich mit epochalen menschlichen Erfindungen aller Art, von der Wikingerära bis zur ersten Mondlandung, von den Erkundungsfahrten zum Nordpol bis zum Automobil. Eine gesonderte Abteilung ist dabei den Frauen in der Forschung gewidmet. Vergessen wir nicht das eigentliche Húsavík Museum mit kleineren Sammlungen aus der Region. Der Húsavík Park liegt beim Stadtrundgang fast auf der Strecke. Den Impulsen und Aktivitäten des örtlichen „Frauenbundes", der Rotarier und einer extra dafür gegründeten Stiftung verdankt dieses botanische Kleinod seine Eröffnung 1975.

Im Vergleich zum Whale Centre direkt am Hafen haben sie alle es jedoch recht schwer, die Aufmerksamkeit auf sich zu lenken. Solch ein Museumsschmuckstück sucht seinesgleichen. Betrieben wird es von einer Non-profit-Organisation. Als vorrangiges Ziel will es detaillierte und interessante Aufklärung zum Thema „Wal" liefern. Dabei arbeitet es eng zusammen mit entsprechenden Universitäten. So vereinen sich geschickt touristische mit pädagogischen Aspekten. Pädagogisch durch zahlreiche Dokumentationsfilme nicht nur über das Leben der Meeressäuger, sondern auch über den früheren kommerziellen Walfang und die Bedrohung der Wale durch Mensch und Umwelt. Eher touristischer Art ist die Ausstellung verschiedener Walskelette (im 1. Stock) mit dem Skelettmonstrum eines 25 Meter langen Blauwales. Alles präsentiert sich außergewöhnlich attraktiv, optisch wie dokumentarisch.

Diesen ausführlichen Museumsbesuch nehme ich als Vorbereitung für eine „Waltour" auf dem riesigen, breiten Öxarfjörður. Die Auswahl der Touranbieter ist groß, meine Entscheidung für North Sailing (northsailing.is) wurde bewusst getroffen.

„Powered By Nature" oder „Die Natur treibt uns voran"

Zu Recht kann das Unternehmen North Sailing für seine Walbeobachtungstouren werben mit dem Spruch „Our Fleet is Going Green". Im Mittelpunkt stehen dabei die vier traditionellen Mehrmaster „Donna Wood", „Hildur", „Haukur" und „Opal". Richtig, mit aufgeblähten Segeln geht es hinaus auf den Fjord. Und wenn der Wind mal nicht genügend bläst, was hier an der Nordküste eher selten vorkommt? Die übrige Flotte, alle durchweg traditionelle Eichenfischerboote, läuft überwiegend umweltfreundlich, Karbon neutral mit Elektromotoren, also mit „grüner Energie". Diese beiden Antriebsformen verursachen auch erheblich weniger Lärm als herkömmliche Schiffsmotoren, sind also nicht nur umweltfreundlicher, sondern auch „walfreundlicher". Das spricht für verantwortungsvolles Handeln, wie auch die enge Verknüpfung zum Whale Centre. Nur am Rande sei erwähnt, dass die entsprechende Werbebroschüre folgerichtig auf recyceltem Papier gedruckt wird.

Meine dreistündige Tour (Silent Whale Watching) erweist sich als Volltreffer. Das Wetter spielt endlich einmal einigermaßen mit, nachdem eine erste avisierte Tour witterungsbedingt abgesagt werden musste. Der Touranbieter zeigt sich flexibel. Nicht zuletzt seine große Flotte aus insgesamt neun Schiffen erlaubt einen hohen Variationsgrad. An Walen, die auf- und abtauchen, herrscht ab der Fjordmitte kein Mangel. Meist sind es Buckelwale. Die Tour beschränkt sich nicht auf Walbeobachtung, sondern bietet auch genügend Zeit zum Ausspähen der anderen Tierwelt, besonders von Vögeln, an den steilen, felsenreichen Fjordküsten.

Auf dem Rückweg zum Hafen wird ein süßer Snack gereicht, heiße Getränke mit leckerem Zimtgebäck. Das wärmt wieder gut durch (sechs Grad Tagestemperatur, gefühlt nur zwei). Denn allmählich dringen Wind und Kälte doch durch die zur Verfügung gestellten Overalls.

Gönnen Sie sich etwas Außergewöhnliches! Es wird ein unvergessliches Island-Erlebnis werden.

Anmerkung: Sofern Sie an einer kombinierten Wal- und Papageientauchertour teilnehmen möchten, geht das in der Regel nur bis Ende der ersten Augusthälfte. Denn dann verlassen die Papageientaucher ihr Nistgebiet auf der vorgelagerten kleinen Insel.

Húsavík – Segelkutter für Whale Watching

Die östliche Halbinsel des Öxarfjörður bietet mehr als Walbeobachtung. Ich fahre nordwärts bis zu den Spitzen Tjörnes und Melrakkaslétta. Einen ersten Wanderstopp lege ich nach rund 60 Kilometern Panoramaküstenstraße (Nr. 85) ein bei der hufeisenförmigen Felsschlucht Ásbyrgi im Nationalpark Jökulsárglúfur. Über die Entstehung dieses Felsgebildes gibt es neben den geologischen Erforschungen auch eine mystische Lesart. Diese besagt, gemäß dem Poeten Einar Benediktsson, dass die Hufeisenform von „Odins achtfüßigem Pferd Sleipnir" stamme, als es ein Hufeisen in den damals flachen Felsen stampfte. Ja, das Felsgebilde mit Wasserfall ähnelt in seiner ganzen Ausdehnung tatsächlich einem solchen Fußabtritt.

Offiziell handelt es sich um einen Canyon, der sich zu dieser breiten Schlucht erweitert hat. Kürzere und längere Wanderwege erschließen das Gebiet für den Besucher. Ein kleiner, ausgeschilderter Umweg durch Unterholz bietet bunte Einsichten in isländische Busch- und Blumenwelt. Die ersten Herbstboten kündigen sich an in Form von Pilzen.

Nach weiteren 30 Kilometern (Straßen Nr. 85 und 874) erreiche ich den ersten von drei „nordisch-arktischen Außenposten", die Küstengemeinde Kópasker. Arg in Mitleidenschaft gezogen wurde der kleine Ort durch ein Erdbeben im

Dezember 1975. Also hinein ins Erdbeben-Zentrum (in der ehemaligen Schule im Dorfzentrum), um Näheres zu erfahren. Alles hängt zusammen mit dem bereits erwähnten Krafla-Vulkangebiet. Zahlreiche Fotos und wissenschaftliche Dokumentationen werden ergänzt durch spannende Augenzeugenberichte.

Bericht der beiden fünfjährigen Jungen Hallidór und Villi: „Wir spielten draußen. Plötzlich fing die Erde an, wie ein Schiff in rauer See zu rollen. Auf dem Heimweg sprangen wir wie Hasen über die Erdspalten. Ein großes Vergnügen! Und warum kann man diese Spalten nicht einfach mit einem großen Hammer wieder platt machen?"

Etwas erwachsener klingt es beim Kapitän eines Fischtrawlers: „Wir fischten ungefähr acht Seemeilen südwestlich von Kopásker. Plötzlich fühlte es sich an, als ob wir auf ein Riff gelaufen seien. Ein Schütteln durchströmte das Boot, dann noch eines. Von Deck aus konnten wir eigenartige Wellenbewegungen beobachten, ähnlich wie in einem Topf mit kochendem Wasser. Wir waren zunächst nur gefesselt von diesem Naturschauspiel, konnten wir es uns doch nicht erklären. Erst als die Küstenwache uns anfunkte und sofortige Rückkehr an Land befahl, wurden wir uns der großen Gefahr bewusst."

Anmerkung: Diese eigenartigen Wellenerscheinungen entwickelten sich zu einem gefährlichen Tsunami.

Auch die zweite Außenpostengemeinde, Raufarhöfn (66 Kilometer weiter) schmückt sich mit einer Besichtigungsbesonderheit. Seit vielen Jahren wird auf einem umliegenden Hügel an dem Arctic Henge gebaut, nach dem Vorbild von Englands Stonehenge. Die Mitternachtssonne soll direkt durch die Felsbögen hindurch scheinen. Die mystische Welt einer Seherin aus der „Edda" wird später dann ihr Scherflein dazu beitragen. Schließlich ist noch ein „Zwergenpfad" geplant, der die Namen von 72 Zwergen enthalten soll. Sie bilden den Jahreskreis, für jeden Zwerg fünf Tage. Wann das kolossale Monument fertig gestellt sein wird? Überlassen wir die Antwort der Seherin. Doch auch schon heute lohnt ein Blick auf die bereits aufgerichteten Felsbögen.

Als letztes Glied des Dreigestirns erreiche ich (wiederum Straße Nr. 85) schließlich Þórshöfn. Der heidnische Gott Thor gilt als Namenspate. Das ist aber auch wohl

Arctic Henge bei Raufarhöfn

das Erwähnenswerteste dieses Fischerortes, wenn man einmal von der wunderschönen Kirche absieht. Das Küstendorf könnte als Prototyp vieler solcher Orte dienen: Eine große Fischfabrik am Hafen, die oftmals als fast einziger Arbeitgeber fungiert. Drumherum einige Wohnhäuser, im Zentrum ein kleiner Supermarkt, eine Bankfiliale und die Post. Ob man auch noch ein Café, ein Hotel oder Restaurant findet, hängt vom geschäftlichen wie touristischen Besucherstrom ab. Hier gibt es von allem etwas.

Reisende der Nordostküste stehen nun vor der Wahl, sofern sie den Fährort Seyðisfjörður erreichen wollen oder auch nur die Landgemeinde Vopnafjörður rund 70 Kilometer südlicher. Entweder sie folgen weiterhin der Straße Nr. 85, welche dann auf vielen Kilometern zur Schotterstraße wird. Oder es geht ohne Schotterstraße die rund 160 Kilometer zurück in die „Walhauptstadt", um anschließend wiederum auf der Straße Nr. 87 via Mývatn auf der Ringstraße dem Ziel entgegen zu steuern, wie ich es gemacht habe, da die verschobene Waltour in Húsavík mir bei der Entscheidung geholfen hat. Sicherlich, das bedeutet einen nicht unerheblichen Umweg. Doch Island bietet so viele Naturperspektiven, dass jeder Umweg lohnt.

Dettifoss

Dieses Argument realisiert sich schnell durch den Besuch eines der beeindruckendsten Wasserfälle Islands, den Dettifoss (Abzweigung von der Ringstraße auf die geteerte Straße Nr. 862; er ist von Norden her auch kürzer zu erreichen über die dann streckenweise Schotterstraße mit gleicher Nummer; Abzweigung von der 85 bei Ásbyrgi). Der „Abstürzende Wasserfall", so der übersetzte Name, ist nach Durchflussvolumen und mit 44 Metern Fallhöhe der größte im Nordosten. Er gilt als der leistungsstärkste Europas. Egal, welchen Beobachtungspunkt Sie wählen, am Beginn des Fallfelsens oder an seinem Fuß – die Ausblicke sind gigantisch und nass. Mit und ohne Wind – machen Sie sich auf Sprühregen gefasst beim Gang entlang des ihn speisenden Flusses Jökulsá á Fjöllum.

Viele Besucher wandern anschließend noch flussaufwärts zum einen Kilometer entfernten Selfoss. Mit dem Besucherstrom nimmt auch die Fallhöhe ab, nur noch zehn Meter, was den Anblick nicht weniger attraktiv macht.

In die andere Richtung flussabwärts, knapp 30 Kilometer vor der Flussmündung, kann ich das Wasserfalltrio dann komplettieren. Am Hafragilsfoss bin ich so gut wie allein (nahe der Straße Nr. 864 auf der anderen Flussseite; für diejenigen, die die Distanz per Auto überwinden möchten, schwieriger zu erreichen von der 862).

Zurück geht es zur Ringstraße und weiter in Richtung Egilsstaðir bis zur Einmündung der bereits erwähnten Straße Nr. 85. Die kleine Gemeinde Vopnafjörður am gleichnamigen Fjord wird mein letzter Anlaufpunkt sein. Eigentlich reizt mich nicht so sehr die sicherlich idyllisch anmutende Landgemeinde als solche. Sondern der historische Torfhof Bustarfell hat es mir angetan. Seit 1532, also seit knapp

500 Jahren bewirtschaftet ein und dieselbe Familie über die Generationen hinweg dieses Anwesen. Die heutigen sechs roten Torfhäuser, noch bewohnt bis 1966, jetzt Museum, zeigen eindrucksvoll Geschichte und Entwicklung des Anwesens über die Jahrhunderte hinweg.

Neben spannender (Familien-)Geschichte weise ich noch auf das Hofcafé hin. Eigentlich halte ich mich mit solchen Empfehlungen relativ stark zurück. Doch an der (ausnahmsweise einmal nicht süßen) Shrimpstorte in Kombination mit einem ausgezeichneten Rhabarbertörtchen, getoppt von hausgemachtem Karamelleis kann ich nicht vorbeigehen. Sie vielleicht auch nicht!

Der Islandgenuss neigt sich dem Ende zu. Der Kreis schließt sich. Es verbleiben bis zum Ankunfts- und Abfahrtshafen Seyðisfjörður nur noch 130 Kilometer. Die Wartezeit bis zur Verschiffung nutze ich, Ihnen die Fortsetzung der begonnenen „Bjarna-und-Dísa-Geschichte" (vgl. erstes Islandkapitel) zu erzählen.

[...] Nach sechs Tagen wurde das Wetter endlich besser, sodass Bjarna mit einer Gruppe von sechs Männern sich zum Rettungsversuch seiner Schwester aufmachen konnte. Sie wanderten in die Berge zurück. Hier hatte seine Schwester die ganze Zeit über in Dunkelheit bei Frostwetter gewartet.

Doch der begleitende Suchtrupp war nur ein Haufen abergläubischer Menschen. Als sie die junge Frau endlich fanden und anschauten, dachten sie, dass diese sich zwischenzeitlich in einen Geist verwandelt hätte. Um Schaden von sich und der Gemeinde abzuwenden, ermordeten sie ohne zu Zögern Bjarnas Schwester und begruben sie am 12. Dezember 1797 in Seyðisfjörður.

Die offizielle Todesursache, die im örtlichen Kirchenbuch nachzulesen ist, weist hingegen eine andere Todesursache aus: „þórdis þorgeirsdóttir, 24 Jahre alt aus dem Austdalur, ist im Gebirge erfroren. Sie wurde zwar noch lebend gefunden, starb jedoch kurz darauf, bevor das Dorf erreicht werden konnte". Doch was geschah seinerzeit wirklich im Gebirge?

Am Tourende liegt mir der Gedanke nicht fern, diese erlebnisreiche, kreisförmige Reise noch einmal zu beginnen. Warum eigentlich nicht! In entgegengesetzter Richtung mit teilweise anderen Schwerpunkten.

FÄRÖER

Färöer Inseln

Einstimmung

Jeder trägt bestimmt seine eigenen Vorstellungen über die nordatlantische Inselgruppe in sich. Seien es Bilder von kahlen, grünen Bergen und Fjorden mit kleinen Fischerdörfern oder auch den allseits blökenden Schafen. Dieses Bild bewahrheitet sich bei eigener Anschauung. Ergänzt werden kann es durch den Begriff „aufgeschlossene, sehr hilfsbereite Bevölkerung". Dazu komme ich gleich zu Beginn meiner Inseltour in diesen Genuss. Denn das Schiff, welches uns von Hirtshals (Dänemark) in die färöische Hauptstadt Tórshavn bringt, transportiert natürlich auch eine stattliche Anzahl Wohnmobile in seinem Bauch, die dann alle den kleinen städtischen Campingplatz stürmen. Dessen Kapazitäten reichen allerdings bei Weitem nicht aus für einen solchen Andrang platzsuchender Reisender. Da ich als ziemlich letztes Fahrzeug von der Fähre rolle, der Uhrzeiger steht bei 23 Uhr färöischer Zeit (eine Stunde früher als MEZ), sind sämtliche Parzellen bereits belegt. Und freies Übernachten auf Parkplätzen ist verboten. Eine Lösung muss her, die sich in Person zweier Jugendlicher anbietet. Nach dem Motto „Man muss nur miteinander reden" ergibt sich bald eine Lösung. Sie geleiten mich mit ihrem Auto zum Jachthafen auf einen Parkplatz, auf dem das Parken (nicht Camping!) für acht Stunden erlaubt ist. Der Rest ist eine Frage der Geschicklichkeit, nicht den Eindruck von „Campingübernachtung" zu erzeugen.

Wie aufmerksam das Verbot freien Campings beobachtet und eingefordert wird, mag folgendes Beispiel zeigen. Beim nachmittäglichen Besuch des nordischen Hauses in Tórshavn bitte ich darum, noch einige Zeit auf dem dazugehörigen Parkplatz stehen zu können, über die Öffnungszeiten hinaus. Dies wird an der Rezeption nach Rücksprache mit dem Leiter der Einrichtung problemlos gewährt. Es wird wohl ein anderer Anwohner gewesen sein, der von der Absprache natürlich nichts wissen kann, aber der mir bald darauf einen Zettel hinter die Scheibenwischer klemmt: „NO CAMPING". Ähnliche selbst erlebte Beispiele auch in einsameren Gegenden, aber gleichermaßen die erzählten Geschichten anderer Reisenden, ergänzen dieses Bild: Es wird aufmerksam auf das Verbot des freien Campings geachtet.

Kehren wir noch einmal zurück zu den oben erwähnten hilfsbereiten Jugendlichen. Gefragt nach drei der typischsten Bezeichnungen für ihre Heimat, schälen sich drei Wörter heraus, die im Deutschen alle mit dem Buchstaben „N" beginnen: Natur,

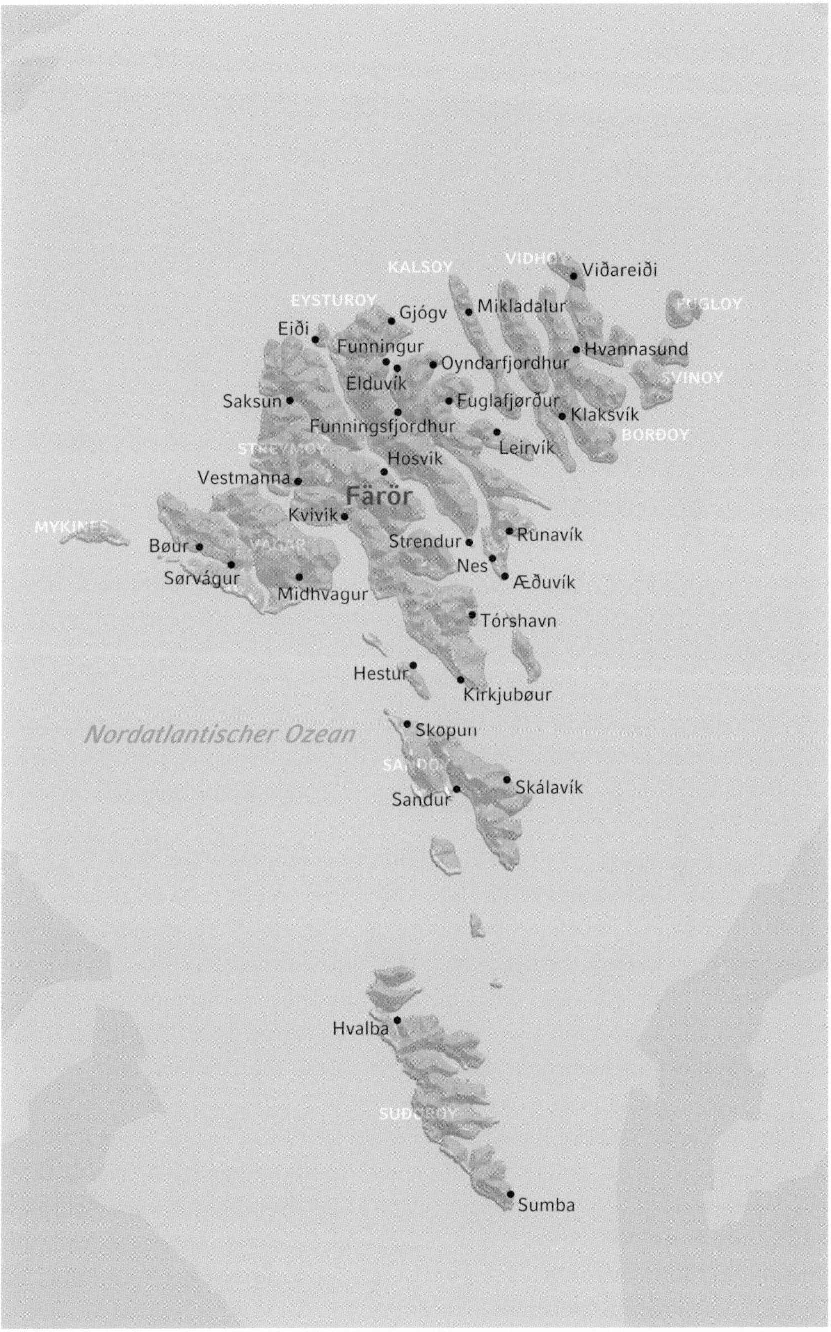
KALSOY
VIDHOY
Viðareiði
EYSTUROY
Gjógv
Mikladalur
FUGLOY
Eiði
Funningur
Hvannasund
Oyndarfjordhur
Elduvík
SVINOY
Saksun
Fuglafjørður
Klaksvík
Funningsfjordhur
BORÐOY
Leirvík
Hosvik
Vestmanna
Färör
Kvivik
Runavík
Strendur
Bøur
Nes
Sørvágur
Æðuvík
Midhvagur
Tórshavn
Hestur
Kirkjubøur
Nordatlantischer Ozean
Skopun
Skálavík
Sandur
Hvalba
Sumba

Typische Bewohner

Nebel, Nieselregen. Sicherlich keine repräsentative Umfrage, selbst nicht durch ähnliche bis identische Ergänzungen sowohl durch andere Einheimische als auch Reisende.

Wundervolle, empfindliche Natur gibt es im Überfluss. Bei den beiden anderen Begriffen nutze ich die zwischendurch sich bietenden Sonnenstrahlen für aktives Outdoorleben. Und davon gibt es eigentlich gefühlt gar nicht so wenige.

Zehn Tage Erkundung der Färöer zu Beginn der „nordischen Tour“, das erscheint auf den ersten Blick recht viel für diese kleine Inselgruppe im Nordatlantik. Auf einem Globus kaum auszumachen, formen die 18 Inseln als Kartenbild ein auf die Spitze gestelltes Dreieck. Lediglich über 113 Kilometer erstrecken sie sich in nordsüdlicher und nicht mehr als 75 Kilometer in westöstlicher Richtung. Die gesamte Küstenlinie hingegen kann sich sehen lassen, immerhin 1100 Kilometer, wobei kein Ort auf den Inseln mehr als fünf Kilometer vom Meer entfernt liegt.

Wie grüne Zuckerhüte ragen die Inselberge aus dem Meer empor, deren höchster, der Slættaratindur auf der zweitgrößten Insel Eysturoy immerhin erwanderbare 882 Meter erreicht. Von den insgesamt knapp 51.000 Einwohnern leben nicht ganz 50 Prozent in der Region der Landeshauptstadt Tórshavn. Die Stadt selbst mit ihren 13.000 Bewohnern gilt als eine der kleinsten Hauptstädte der Welt. Lohnt ein längerer Aufenthalt? Entscheiden Sie selbst nach Lektüre der folgenden Kapitel.

Tórshavn – Von Thor zu Tor

Die Stadt trägt ihren stolzen Namen nach dem germanischen Kriegsgott Donar, in den nordischen Regionen besser als Thor bekannt. Bereits in der Wikingerzeit, also vor rund 1000 Jahren gegründet, hat sie sich von einem Þingplatz und späterem Handelsplatz zu einer kleinen blühenden Metropole entwickelt. Wer eine Reihe Hauptstädte dieser Welt kennt, wird Tórshavn als sehr angenehm empfinden: Staufrei, nicht hektisch, keine wirklichen Häuserschluchten. Ihre Lage auf den sie umgebenden Hügeln bietet zahlreiche Aussichtsmöglichkeiten auf Berglandschaft und Meer. Maritimes Flair findet sich allerorten. In einem Umkreis von nur anderthalb Kilometern schmiegt sich die Altstadt, sicherlich die Perle des Ortes, um den Hafen herum, mit winziger Fußgängerzone, hügeligen Sträßchen und krummen Gassen. Für einen ausgedehnteren Erkundungsradius bieten sich die roten Stadtbusse an, die kostenfrei benutzt werden können.

Für Färinger und Besucher repräsentiert die Stadt das Tor zur restlichen Welt, obwohl der einzige internationale Flughafen ca. 25 Kilometer entfernt auf der Nachbarinsel Vágar liegt. Spürbarer im Sinne von Ein- bzw. Ausfalltor erweist sich die regelmäßige Fährlinie von und nach Kontinentaleuropa.

Die ehemalige Funktion als Þingplatz finden wir auch heute noch wieder in dem Namen des Stadtteils Þinganes. Unübersehbar ragt die flache Felsspitze in das Hafenbecken hinein und trennt Jacht- von Fährhafen. Rote und schwarze Holzhäuser, häufig mit Grasdach, prägen das Bild. Seit jeher ist es das Stadtviertel, in dem die Entscheidungen für das Land getroffen werden. Nicht nur zu Wikingerzeiten wurden hier Einwohnerversammlungen (Þings) abgehalten, wurde an diesem, einen Hauch von Geschichte ausströmenden Ort regiert oder Recht gesprochen. Auch heute noch befinden sich die Ministerien der färöischen Regierung auf dem Felsplateau. Man stelle sich vor: Ungehindertes Schlendern unmittelbar durch das Regierungsviertel ohne sichtbare Sicherheitsvorkehrungen. Möge die Welt doch überall so heil erscheinen!

Die bauliche Idylle setzt sich fort im altstädtischen Hafenteil Vágsbotnur mit seinen hübschen, alten Speichern. Zum Ausruhen laden gemütliche Cafés ein. Gourmets kommen in den zahlreichen Restaurants auf ihren Geschmack bei der typischen färöischen Küche und dem färöischen Bier. Innen- wie Außengastronomie bieten Vielfältiges. Bei Letzterer vielleicht mit einer Decke über den Knien. In den munteren Bars kommt auch das Nachtleben für Nachtschwärmer nicht zu kurz.

Tórshavn

Bald erfolgt der Übergang zur Neustadt. Am besten man entscheidet sich, ob man zuerst östlich an der Küste entlang auf Entdeckungstour geht oder sich vom Hafen gen Westen ausrichtet.

Folgen wir zunächst dem östlichen Blick auf die kleine, sternenförmige Festungsruine. Die zu bestaunenden Kanonen sollten ursprünglich den Hafen gegen Seeräuber schützen. Die beiden großen englischen Geschütze dienten im Zweiten Weltkrieg zur Verteidigung gegen deutsche Besetzung der Inseln. Folgen wir diesem Küstenstreifen, stoßen wir nach dem malerischen Tal Hoydalar auf den ehemaligen Hof Hoyvík. Heute Freilichtmuseum, bildet er einen Teil des oberhalb liegenden färöischen Nationalmuseums. Hier wird der Besucher zu einer Reise durch die Natur und Kulturgeschichte der Färöer eingeladen – ein Muss für jede Hauptstadterkundung.

Auch die westliche Hafenseite geizt nicht mit Attraktionen. Im Ensemble der ersten färöischen Fischölfabrik mit Müllers Speicher und dem Schiefen Speicher finde ich mit eindrucksvollen Ausstellungen die grafische Werkstatt Steinprent. Hinter dem davon südlich liegendem Sandstrand sowie einer alten Wollspinnerei betrete ich das Nationale Aquarium.

Fehlt beim Stadtspaziergang jetzt eigentlich nur noch eine Ausrichtung gen zentralem Norden. Noch von Þinganes aus überragt der Turm der Domkirche (Havnar Kirkja) aus dem 12. Jahrhundert die niedrigen Dächer der bunten Holzgebäude. Da besonders bemerkenswert, lenken wir den Blick sicherlich auf die drei Altarbilder mit dem letzten Abendmahl, auf den Taufstein mit dargestellter Verkündigung Marias und auf die vier Kronleuchter. Nicht vergessen möchte ich das Kirchen(altar)silber, die von der Decke hängenden Votivschiffe sowie die Glocken mit dem Glockenspiel.

Tórshavn – Þinganes

Ein wenig bergan beim Rathaus beginnen die Einkaufsstraßen. Noch weiter nördlich (ca. 700 Meter) erhebt sich das elegante Shoppingcenter der Stadt, das SMS. Es fehlt an nichts für den täglichen, kulinarischen oder extravaganten Bedarf.

Gleich westlich davon tauchen wir ein in grüne Natur, in den städtischen Park Viðarlundin. Bemerkenswert ist auf der einen Seite die Elfenstatue, auf der anderen finden wir hier Kunst in größerem Rahmen in der färöischen Nationalgalerie. Im Park selbst können wir in dichtem Wald flanieren, nicht nur für die Färinger sicherlich ein erhebendes Erlebnis auf den sonst fast kahlen Inseln.

Hoch oben am nördlichen Stadtring, am Norðari Ringvegur beenden wir die Stadtbesichtigung mit dem Haus des Nordens. In diesem staatlichen Kulturzentrum gilt es, jegliche Form nordischer Kunst zu praktizieren und mitzuerleben, sei es Musik, Literatur oder bildende Künste.

Mit mehr als 400 Vorstellungen und Ausstellungen im Jahr wird man auch bei einem Kurzbesuch etwas Passendes für sich finden. Vielleicht ja sogar eine Kostprobe der Perle färöischen Tanzes, den Kettentanz. Eigentlich dient er seit den Wikingerzeiten als Beiwerk oder Eselsbrücke zum Auswendiglernen der unendlich scheinenden Verserzählungen. Man kann ihn auch gesungene Tanzballade nennen. Nicht umsonst beherbergt das Kulturzentrum hierfür einen extra Tanzsaal, die Dansistovan.

Bei all den Sehenswürdigkeiten kommt schnell der Gedanke langer Strecken (Fußmärsche?) auf. Ich kann beruhigen: Man muss das eigene Fahrzeug nicht bewegen, alle Punkte werden von den kostenfreien Stadtbuslinien angefahren.

Das gilt gleichfalls für eine der wichtigsten Besuchsstätten in der Region der Hauptstadt. Gemeint ist das rund acht Kilometer entfernte Dorf Kirkjubøur. Während des Mittelalters bildete es das kirchliche und kulturelle Zentrum der Färöer. Heute beherrscht die zwischen Gebirge und Meer eingeklemmte imposante Ruine des ehemals bischöflichen Magnusdoms den dörflichen Anblick. Gleich neben an erstrahlt in Weiß die Olavskirche aus dem Jahr 1111 (Erstbau). Seither erfüllt sie bis zum heutigen Tag ihren religiösen Zweck. Sie gilt als die einzige noch genutzte mittelalterliche Kirche im Land. Gehen wir um die Kirche herum, entdecken wir an der Ostseite ein Loch in der Mauer. Kein Anlass für eine Reparatur, sondern nur über diesen Weg konnten im Mittelalter auch aussätzige Leprakranke außerhalb der Kirchenräume an den Gottesdiensten teilnehmen. Hinein in die Kirche ließ

Am Hafen

man sie nicht. Ihr Leben fristen mussten sie allerdings jenseits des Bergrückens, weitab jeglicher Siedlung.

Als dritte Attraktion in dem Meeresdörfchen nenne ich die Roykstovan/Rauchstube aus dem 12. Jahrhundert. Eigentlich stammt sie aus der Gegend am Sogne-Fjord in Norwegen. Irgendwann wurde sie dort abgebaut und in Kirkjubøur als Teil des Bischofssitzes wieder errichtet. Das Gehöft ist seitdem ununterbrochen bewohnt, aktuell bereits in der 17. Generation. Der Hof kann sich mit der Bezeichnung schmücken, das älteste noch bewohnte Holzhaus Europas zu sein. Der museale Gebäudeteil ist Besuchern zugänglich (9 bis 17 Uhr). Werfen Sie einen besonderen Blick in das obere Stockwerk, in die Bischofsstube. Sie bleibt zwar verschlossen, doch ein weites Loch in der Tür gewährt einen ausführlichen Blick in das ehemalige bischöfliche Arbeitszimmer mit Bibliothek.

In der Ruhe liegt die Kraft. Deshalb empfehle ich der Leserschaft gleichfalls die Wanderung von Tórshavn nach Kirkjubøur. Auf sieben pittoresken Kilometern, mal als Graspfad, mal als Schotterpiste, ohne Nebel und Nieselregen, dafür mit herrlicher Gebirgsnatur, führt die gut markierte Wanderung über den Bergrücken.

Zwei Stunden wundervolle Aussichten auf die vorgelagerten Inseln wie Sandoy, Hestur und Koltur, aber auch bis zu den weiter entfernten Eilanden Vágar, Skúvoy oder Suðoroy. Unterwegs gelange ich zu Reynsmúlalág, einer amphitheaterähnlichen Anlage mit ausgezeichneter Akustik. Kein Wunder, dass hier in früheren Zeiten Volksversammlungen abgehalten wurden. Wer nicht mehr zurückwandern möchte, der nehme einfach den Stadtbus.

Tórshavn und Umgebung kann, muss aber nicht in einem Tag besichtigt werden. Wer die direkte Anschlussfähre nach Island gebucht hat, dem verbleiben für die Färöer Inseln rund drei Besichtigungstage. Da sollte man schon bewusst auswählen. Oder aber eine Fähre überspringen und sich rund zehn Tage Zeit lassen, wie der Autor es sich gönnt.

Ehemaliger Bischofssitz in Kirkjubøur

Wo der Wildbach rauscht – Insel Streymoy

Der Titel klingt sicherlich erst einmal wenig färöisch, erinnert mehr an die Alpen. Denken wir uns den Wald an den Berghängen weg, so gilt der Spruch auch für den Norden der färöischen Hauptinsel Streymoy. Nach Hauptstadtflair geht es jetzt in die Natur, zu den kleinen Dörfern, an die schroff-lieblichen Fjorde. Dabei befahre ich oft die sogenannten „Buttercup Routes". Das sind landschaftlich besonders reizvolle, touristische Überlandstraßen, die mal über die Berge, mal an den Fjorden entlang führen, stets abseits der Hauptverkehrsadern. Glücklicherweise sind die goldgelb schimmernden Butterblumen-Schilder nicht zu übersehen.

Die erste Touristenroute, der unvergessliche Oyggjarvegur beginnt gleich am nördlichen Ortsrand von Tórshavn Richtung Vestmanna (vom Norðari Ringvegur in der Nähe des Haus des Nordens abbiegen auf Straße Nr. 50). Während die Direktverbindung im Tal am Fjord entlang führt, schraubt sich die Straße schnell empor ins Gebirge bis auf 350 Meter. Einige Aussichtspunkte gewähren noch einmal einen Blick auf Stadt und Meer, bei klarer Sicht ein Gedicht. Hinein geht es anschließend für rund 20 Kilometer in die einsame, schroffe Gebirgswelt. Von den umherstreifenden Schafen abgesehen, bleibt man allein hier oben. Die Straße selbst ist gut ausgebaut, auch für Wohnmobile kein Problem. Die Talstraße am Fjord bleibt fast über die gesamte Strecke gut sichtbar. Ich nehme sie mir für die Rückfahrt nach Tórshavn vor.

Nur wenige Kilometer hinter dem Kreisel zur Insel Vágar von einem Bergrücken aus erblicke ich mein erstes Ziel auf der Nordroute, die Gemeinde Vestmanna, direkt am Vestmannasund gelegen. Am Ortseingang gegenüber vom Campingplatz lädt die Touristeninformation mit angeschlossenem Hotel, Restaurant und Souvenirshop ein, sich einen ersten Überblick zu verschaffen.

Ein Spaziergang durch den Ort bietet sich an, zunächst an der Hafenkante entlang bis zu den rund zwei Kilometer entfernten Fischerbuden. Im „Ortscafé", in dem ich überwiegend Einheimische treffe, lässt sich zusätzlich der Hunger stillen. Mit dem Angebot im örtlichen Supermarkt kann ich problemlos meinen Kühlschrank wieder auffüllen. Warum die gleiche Strecke doppelt laufen, um zum Wohnmobil zurückzukehren? Abwechslungsreicher erscheinen mir hierfür die oberen terrassenförmigen Straßen der Gemeinde. Von hier aus, egal, ob von der zweiten, dritten oder gar vierten Etage aus, bietet sich ein genussvoller Blick auf den Sund.

Der folgende Tag wird angefüllt sein durch die beiden Hauptattraktionen Vestmannas, dem Besuch des Saga-Museums sowie einem Bootsausflug entlang der Küste (in der Hauptsaison mehrere Abfahrten pro Tag, Infos und Buchungen u. a. im Tourist Centre).

Saga-Museum

Madame Tussauds auf nordische Art findet man in diesem anziehenden Wachsfigurenkabinett, das einzige seiner Art auf den Färöer Inseln. Nicht weltbekannte Persönlichkeiten kann der Besucher in den lebendig wirkenden Wachspuppen bestaunen. Erzählt wird die historische Saga-Welt, also die seit Jahrhunderten überlieferte Geschichte des Inselstaates. Von der vermuteten ersten Besiedlung bis hin zu den irischen Mönchen im 18. Jahrhundert, der späteren Christianisierung und den wechselnden Machtverhältnissen blättert sich ein lebendiges Kaleidoskop auf, alles illustriert in optisch ansprechenden Szenen. Rustikal-grausamer wird es bei Darstellungen von Piraten, Zauberkundigen oder einer strafenden Gerichtsbarkeit vergangener Tage.

Per MP3-Player mit den dazugehörigen Erläuterungen (auf Englisch) taste ich mich durch teils dunkle färöische Geschichte und schummrig beleuchtete Museumsräume – ein schaurig schöner Einblick in vergangenes färöisches Leben.

Im Saga-Museum von Vestmanna

Küstentour per Schiff

Kliffküste mit Meeresgrotten im Norden von Vestmanna steht auf diesem gut zweistündigen Bootstrip auf dem Programm. Hierfür durchfahren wir zunächst den Vestmannasund zwischen den Inseln Streymoy und Vágar, bis wir an den Nordatlantik gelangen. Wind- und wetterfeste, wärmende Kleidung sei dringend empfohlen, um die Anblicke der rauen Felsküste mit ihren Vogelkliffen möglichst störungsfrei genießen zu können. Im Sund selbst schaukelt das Schiff gemächlich über die Wellen. Gemsen gleich grasen die Schafe an den oftmals steilen Gebirgshängen. Und auch ihre Lämmer müssen von Geburt an das Klettergen in ihrem Blut haben. Das ganze Jahr über bleiben die Herden draußen am Fjord, nur hin und wieder besucht und behütet von den Schäfern. Vom Schiff aus entdecken wir an den grünen Berghängen fest montierte Kletterseile. Ohne sie könnten die Schäfer nicht zu ihren Herden gelangen.

Bald darauf verlassen wir die geschützte Meeresenge, schaukeln hinaus auf den offenen Atlantik. Hier beginnt die eigentliche Felsküste mit ihren mehrere hundert Meter hohen Kliffen. Noch während der Fahrt im Sund werden gelbe Schutzhelme verteilt. Ein Muss, denn oftmals gleiten wir hinein in die gen Himmel offenen Höhlen mit den himmelhohen Felssäulen, tuckern unter den Felsvorsprüngen entlang oder nähern uns bedächtig den kahl gewaschenen, schroffen Felswänden. Unzählige Seevögel wie zum Beispiel Basstölpel, Eissturmvogel oder auch Papageientaucher stürzen sich von ihren Felsgesimsen auf dem Flug nach Beute.

Wem es auf Dauer auf dem Schiffsdeck zu kalt wird, der kann im wärmenden Schiffsinneren mit den großen Panoramafenstern seine Beobachtungen fortsetzen.

Ohne Übertreibung lässt sich anführen, dass ein Abstecher nach Vestmanna zu den Höhepunkten der Färöer gehört.

Wechseln wir von der westlichen an die östliche Küste von Streymoy. Unterwegs legen wir einen kurzen Stopp im Küstendorf Kvívík ein. Wie viele andere Dörfer auch wird der Ort geteilt durch einen quirligen Wildbach, der sich von den Berghöhen ins Meer ergießt. Beim Dorfrundgang durch die farbenfrohen Häuser und Hütten stoßen wir automatisch an der Mündung des Baches Stórá und der

Auf der Küstentour

weißen Dorfkirche auf Zeugen aus der Wikingerzeit. Entdeckt und restauriert wurden Außenwände zweier Langhäuser.

Dann kann es auch schon weitergehen, auf der Straße Nr. 11 quer über die Insel. Beim Dorf Leynar beachte man den Binnensee mit seiner Fischtreppe. Kurz darauf erreichen wir den Kolla-Fjord. Hier beginnt die Straße Nr. 10, die uns zunächst entlangführt an einer weiteren Meeresenge, der Sundini.

Vorbei an dem Fischerort Kollafjørður, entscheide ich mich an der Kreuzung bei Hvalvík zunächst für die weitere Fjordroute. Gleich hinter der Brücke hinüber zur Nachbarinsel Eysturoy beginnt ein weiterer Abschnitt einer Buttercup Route (Straße Nr. 54). Auf dem Weg nach Haldarsvík tost linker Hand der Fossá, der höchste Wasserfall der Färöer. Über zwei Stufen stürzt er sich aus 140 Metern Höhe in die Meeresenge. Im Dorf selbst befindet sich die einzige achteckige Kirche des Landes. Über ihr auf einem kleinen Hangplateau dreht sich ein kinetisches Kunstwerk als Gedenkstätte für die nicht mehr Heimgekehrten.

Verbleiben nur noch wenige Kilometer bis zum Endpunkt dieser Fjordstraße. Enger wird sie, manchmal dem Berg nur mühselig abgerungen mit den fast senkrechten Steilwänden. Doch keine Angst, die Erbauer haben an ausreichend Ausweichstellen gedacht. Und wo der Linienbus bis zur Endstation in Tjørnuvík schadlos hingelangt (ebenso wie mein ca. 2,35 Meter breites, 6,40 Meter langes und rund drei Meter hohes Wohnmobil) bleibt die Stecke bei bedächtiger Fahrweise ein einziger Hochgenuss. Hinter der letzten Wegbiegung öffnet sich das Siedlungstal mit grasbewachsenen Terrassen, einem grauen Sandstrand und einigen bunten Häusern. Die geschützte ideale Lage der Bucht müssen die Wikinger gleichwohl auch erkannt haben. Wie sonst hätte man im Osten des Tales Gräber aus jener Zeit finden können. Heute gilt der Ort als Surferparadies.

Zum letzten Teil der Inselerkundung müssen wir die 30 Kilometer zurück bis nach Hvalvík. Der Erlebniswelt tut dies keinen Abbruch. Fjordstraßen präsentieren sich in der entgegengesetzten Fahrtrichtung mindestens so attraktiv wie auf der Hinfahrt. Als Ziel dieses Streckabschnittes steuere ich das Berg-Küstendorf Saksun in der gebirgigen Inselmitte an (rund zehn Kilometer ab Hvalvík).

Saksun

Wir wollen uns noch einmal die Füße vertreten und schlendern zunächst durch das Dorf Hvalvík mit der ältesten Holzkirche der Färöer. 1829 wurde sie erbaut mit ihrem Grasdach und den Wildblumen darauf, ihren weißen Fensterrahmen auf pechschwarzen Holzwänden und dem kleinen Kirchturm. An ihrer Rückseite betreten wir einen winzigen Waldrundweg (!). Teeblättrige Weiden wachsen hier in der Sumpflandschaft.

Über eine gut ausgebaute, einspurige Straße gelange ich schließlich in das Naturkleinod Saksun. Es liegt so einsam in einem Tal mit Meeresbucht, dass hierher kein Linienbus mehr fährt. Doch Ausflugsbusse in Tórshavn haben den Ort in ihr Programm aufgenommen. Der Weg bis ans „gefühlte Ende der Welt" schlängelt sich durch ein weites Tal entlang eines Baches. Links und rechts rauschen weitere Bäche von den Berghängen. Kurz vor dem Dorf stürzt der Bach sich aus dem Saksunarvatn hinunter ins Meer.

Wie in einem Amphitheater ist der Naturhafen von geriffelten Felswänden umsäumt. Oberhalb der Bucht glitzert die vom Regen nasse weiße Dorfkirche in der Sonne. Nur wenige Meter entfernt öffnet der ehemalige, heute museale Hof Dúvagarðar seine Pforten. Wer weiterhin noch gut zu Fuß ist, kann im Westen der Bucht bei Ebbe (und nur dann!) zum brandungsumspülten Sandstrand an die offene See gelangen. Man beachte dabei vor allen Dingen auch den Warnhinweis, dass der Tidenhub so beträchtlich ist, dass bei Flut das rettende Ufer nicht mehr erreicht werden kann.

Streymoy, die Hauptinsel der Färöer bietet, wie wir gesehen haben, viele ausgezeichnete Anlaufpunkte für eine Erkundung. Gönnen wir uns vor der Weiterfahrt zum nordwestlichen Inselnachbarn Eysturoy noch eine Übernachtung direkt am Fjord auf dem kleinen Campingplatz bei Haldarsvík.

Wo der Wildbach rauscht

Das Dach der Färöer – Insel Eysturoy

So nennen zumindest die Färinger selbst diese Insel. Denn auf Esturoy ragt der höchste Berg der Färöer gen Himmel, der Slættaratindur (882 Meter). Man kann ihn besteigen, doch dazu später.

Querung des Sundini

Zunächst überqueren wir die einzige Straßenbrücke auf der Welt, welche den Nordatlantik überquert. Ich spreche von der Querung von Streymoy nach Eysturoy über den äußert schmalen Sund namens Sundini. Innerhalb einer Minute habe ich die Inseln gewechselt. Und gleich verlangen die Wegweiser die Entscheidung, ob erst der Insel Nord- oder Südhälfte angegangen werden soll. Ich entscheide mich auf der Basis des Wolken- und Nebelbildes. Der Süden zeigt graue, regenreiche Wolken. Der Norden schaut nicht ganz so schlimm drein. Also richte ich mich aus in die nordwestliche Halbinsel bis hinauf nach Eiði am Ostufer des Sundini (Straße Nr. 23).

Noch vor der Überfahrt von Streymoy aus konnte ich die beiden Wahrzeichen der Inselnordspitze entdecken, zwei frei stehende, riesige Basaltsäulen. Was wären sie ohne eine Legende:

Risin und Kellingin oder „Der Riese und seine Frau"

Die beiden Riesen galten als erste begeisterte Touristen der Färöer. Von Island kamen sie herüber, um neues Land zu erkunden. Der oberste Geist der Riesen hatte ihnen mit auf den Weg gegeben, dass sie die Färöer nur bei Nacht bereisen durften, um nicht erkannt zu werden. So geschah es. Sie erblickten so viel Schönes und Anziehendes auf der Inselgruppe, dass sie sich nur schwer zur Rückkehr nach Island entschließen konnten. Kurzerhand beschlossen sie, die Insel Eysturoy als Andenken mitzunehmen. Gesagt, getan! Also knüpften sie ein Seil um das Vorgebirge Eiðiskollur. Sodann zogen sie nach Leibeskräften, vergaßen dabei jedoch Zeit und Stunde. Der oberste Geist der Riesen bemerkte rasch, dass sich seine beiden Untertanen nicht an sein Gebot halten wollten. Und als die ersten Strahlen der Morgensonne die beiden Riesen trafen, verwandelten sich die Ungehorsamen in Steinsäulen.

In dem Vorgebirgsnamen Eiðiskollur steckt auch bereits die Bezeichnung des ersten Ortes, den ich hier besuchen werde: Eiði. Für diese Bilderbuchdörfer möge man genügend Zeit einplanen. Lieber einmal mehr um die Ecken der bunten Häuschen und Hütten schauen. Es gibt viel zu entdecken. In Eiði zum Beispiel die hübsche Kirche oder das Museum in einem alten Bauernhaus. Von diesem Ort aus verbreitete sich in die ganze Welt ein guter Teil der typischen färöischen Strickmuster. Oberhalb des Dorfes, von der Hochfläche am Eiðisvatn aus genieße ich einen 360-Grad-Panoramablick auf Nordatlantik und Insel.

Auf einer weiteren Buttercup Route (Straßen Nr. 61, 60) sind es nur wenige Kilometer bis zu einem weiteren idyllischen Dorf, Gjógv. Unterwegs können wir durch ein Fernglas, das am Wegesrand steht, aus sicherer Entfernung noch einmal die beiden zu Stein gewordenen Riesen betrachten. Dort im Dorf, wo der Wildbach in den Atlantik mündet, donnern die Atlantikwellen in den Naturhafen und erfüllen das Dorf mit ihrem Sound. Mit etwas Glück verziehen sich auch Nebel und graue Wolken, sodass einer atlantischen Endlosausschau nichts mehr im Wege steht.

Die Rundfahrt geht weiter, immer noch auf der Buttercup Route, bis nach Funningur. Das geteerte Holzkirchlein mit sturmfesten Schiebeluken vor den Fenstern gilt als meditatives Refugium, in dem Auge und Seele einmal Abstand gewinnen können von den zahlreichen Reiseeindrücken und vielleicht auch als Vorbereitung für die bevorstehende Bergwanderung. Wir wollen den Färöern nämlich aufs Dach steigen.

Wanderung auf den Slættaratindur

Planen Sie zwei bis drei Stunden für Hin- und Rückweg ein. Startpunkt für die Wanderung ist die Passhöhe zwischen Eiði und Funninger, Eiðisskarð. Am Parkplatz klettern Sie erst einmal über den Zaun. Ein Pfad den eigentlichen Berg hinauf ist hier, wie später dann, zwar noch nicht auszumachen. Doch ich steige einfach aufwärts, den Zaun immer auf der rechten Seite, immer geradeaus vom Parkplatz. Nach rund 30 Minuten erreiche ich den eigentlichen Bergpfad. Schräg links führt er bergan. Knapp 700 Meter bin ich bereits über dem Meeresspiegel. Die Aussicht lässt kurz innehalten. Ich erblicke, da nebelfrei geworden, auf der Nachbarinsel Streymoy noch einmal die achteckige Kirche von Haldarsvík. Einsam bleiben Sie nicht auf der Wanderung. Es gibt, wenn auch nur wenige, weitere Gipfelstürmer. Häufiger wandern Sie in Gesellschaft der zotteligen Färöer-Schafe. Nach einem weiteren Kilometer erreiche ich einen Punkt rund 30 Meter unterhalb der kahlen Felsspitze. Für den finalen Aufstieg heißt es, Vorsicht walten zu lassen, denn der Weg ist uneben. Lose Steine lösen sich schnell unter den Wanderstiefeln. Die letzten Meter zum Gipfel bilden eine Art Treppe.

Wie bei jeder ausgedehnteren Wanderung auf den Färöern stellt sich auch hier die Wetterfrage. Patentrezepte gibt es nicht, ein Restrisiko bleibt. Doch lassen Sie sich nicht von dem oft in Wolken eingehüllten Gipfel des Slættaratindur von der Bergtour abhalten. Oftmals verziehen sie sich so schnell, wie sie gekommen sind. Oder Sie beginnen die Tour bei Nebel und leichtem Nieselregen (so erlebe ich es). Auf dem Gipfel, oberhalb des Nebels, herrscht dann klare Sicht. Verschweigen wir nicht, dass alles auch umgekehrt geschehen kann. Doch bei meiner Traumsicht liegen mir die Färöer optisch zu Füßen.

Zum Schluss noch einige offizielle touristische Anmerkungen der „Visit Faroe Islands"-Agentur: Da es beim Abstieg schwierig werden könnte, genau zu bestimmen, wo man hochgekommen ist, wird angeraten, einen farblich auffälligen Gegenstand, zum Beispiel ein Kleidungsstück, so zu platzieren, dass er beim Abstieg wiedergefunden werden kann. Außerdem wird angedeutet, dass man vom Gipfel aus an trockenen und klaren Tagen den Gletscher Vatnajökull in Island ausmachen kann. Darf ich nicht erleben; es stellt sich mir auch die Frage, ob man in rund 550 Kilometern Entfernung noch etwas erkennen kann. Und: Sollten Sie zufällig am längsten Tag und der kürzesten Nacht, also an einem 21. Juni in der Gegend sein, nehmen Sie teil an einer färöischen Tradition. Einheimische und Gäste besteigen den Berg, um den Sonnenuntergang und den Sonnenaufgang zu beobachten. Die wenigen Stunden dazwischen vertreibt man sich mit Kettentanz und Picknick aus Skerpukjöt (getrocknetes Hammelfleisch), getrocknetem Fisch und Walfleisch, zusammen mit färöischem Bier oder starkem Kaffee.

Slættaratindur

Bleiben wir noch einige Stationen im Norden der Insel. Die Buttercup Route setzt sich fort (Wechsel der Straßennummer von 60 auf 62) immer um den engen Funning-Fjord herum bis in Dorf Elduvík mit seinen Unterwasserwäldern (beim Strand vor dem Dorf). Anschließend heißt es allerdings die Fjordstraße zurückzufahren bis zur Straße Nr. 10.

Mir ist nach einem weiteren Abstecher (ebenfalls Sackgasse und Buttercup Route). Kurz vor dem Ort Skálafjørður biege ich noch einmal ab gen Norden (nach links von der Straße Nr. 10). Diese weitere Buttercup Route führt mich über eine kurvenreiche Straße in zwei winzige Küstendörfer, nach Oyndarfjørður bzw. Hellurnar. Vom ersteren wird erzählt, dass dort Piraten nach Raubzügen durch die südöstlichen Inseldörfer Unterschlupf suchten. Einer Zauberhexe soll das Verhalten der Seeräuber nicht gefallen haben. Sie verzauberte somit zwei der Piratenschiffe in Felsen und lässt so die Unholde auf Ewigkeit im Wasser stehen.

Fuglafjørður

Nichts Legendenhaftes, sondern zu besichtigende Realität steht in der zweiten Fischersiedlung. Die Bezeichnung „Dorf" ist bereits zu groß dafür. Direkt auf einem ins Meer ragenden, flachen Felsplateau hat man das kleinste Feuerwehrhaus der Färöer errichtet. Auf den ersten Blick wirkt es wie ein öffentliches WC, aber das Schild weist eindeutig „Brandstöd" aus. Bei der Winzigkeit der Siedlung wird ein Feuerwehrauto wohl nicht benötigt, sicherlich aber lange Schläuche.

Die von mit so bezeichnete „Nordtour" auf Eysturoy endet in der fünftgrößten Stadt der Färöer, in Fuglafjørður. Bei rund 1500 Einwohnern bietet sie eine komplette städtische Infrastruktur. Als Wohnmobilist profitiere ich von einer zusätzlichen unersetzlichen Eigenschaft, dem kostenfreien (Stand: 2019) Wohnmobilstellplatz mit Stromanschluss. Da die Entfernungen im Inselreich ja nie so beachtlich sind, küre ich den Standplatz direkt in der Innenstadt am Fjord zum „Basislager" für die Erkundung der südlichen Insel.

Wegen der terrassenartigen Städtearchitektur, wie in vielen Fjordgemeinden, leuchtet weithin sichtbar auf eine der mittleren Straßenterrassen das strahlende Weiß der modernen Kirche über den Fjord. Etwas oberhalb der Touristeninformation tauche ich kurz ein in das Zeitalter der Wikinger. Hier hat man Überreste eines alten Hofes gefunden. In unmittelbarer Nähe, auch unweit der Touristeninformation, können Sie sich im Kunst- und Handarbeitshaus (Ribarhús) diesem Genre hingeben.

Es soll aber nicht verheimlicht werden, dass Fuglafjørðurs Stadtbild stark industriell geprägt ist, zum Beispiel durch Fischindustrie und Öldepots. Da locken doch Wanderschuhe und Wetter wieder, den Weg am Bach hinauf, immer Richtung Hellurnar. Die gesamte Strecke würde etwa zwei bis drei Stunden dauern. Ich begnüge mich dieses Mal mit rund der Hälfte, bis Niðan á Hús, den Ort, an dem sich früher die Bewohner der heutigen Stadt vor den Piraten versteckten.

Nach aussichtsreicher Wanderung beginnen wir unsere Entdeckungstour auf den südlichen Halbinseln. Zunächst führt die Straße (über Skálafjørður, dann Straße Nr. 80) ununterbrochen am Skála-Fjord entlang. Hinter den Orten Skáli mit seinem munteren Fischereihafen und Strendur mit der Sjóvar Kirkja (färöische Holzkirche mit Grasdach) endet die Sackgassenstraße in Selatrað. Das Dorf wirkt wie von der Welt abgeschnitten mit kleinem Hafen und eingebettet in saftige Berghangwiesen, auf denen im Juni goldgelb die Butterblumen ihre Pracht entfalten.

Gegenüber dieser Straße mache ich westlich des Sundini wieder die Insel Streymoy aus, am östlichen Ufer des Skála-Fjords die zahlreichen Ortschaften dieser dicht besiedelten Inselnase. Ganz in der südlichen Spitze, im Ort Nes erinnert eine englische Kanone an den Zweiten Weltkrieg. Die dazugehörige Minifestung wurde erbaut am Eingang des Skála-Fjords, um auch diesen Landstrich vor deutschen See- und Luftangriffen zu schützen.

Auf einer schleifenartigen Buttercup Route, vorbei an dem einzigem Windpark der Inselgruppe sowie der Ortschaft Toftir (mit Produktion färöischen Wollgarns) gelange ich in ein weiteres Küstendorf, nach Æðuvík. Eigentlich gilt es bei den Einheimischen als „Weihnachtsdorf". Im Juni darf man entsprechende Lichterspiele und Schmuck allerdings nicht erwarten. Dafür überrascht mich so dichter Nebel, dass die Sichtweite keine zehn Meter mehr beträgt. So sind denn auch Färöers größte Heidefläche und der recht große Toftavatn nur schwerlich auszumachen.

Eine echte Einkaufsstraße bietet die Kleinstadt Runavík. Als unübersehbar bleibt hier das Stadion von Weltrang. FIFA gerecht dient es als Fußball- und Athletiksportstätte. Man nennt es auch das „windigste, aber malerischste Stadion der Welt“. Zumindest flattert stolz die FIFA-Fahne am Eingang. Weniger Sportbegeisterte finden den Antipol im kulturellen Kraftzentrum. Neben Konzerten, Lesungen oder Theateraufführungen finden hier die jährlichen Strickfestivals statt, ebenso wie die Treffen der Akkordeonfreunde.

Auf dem Rückweg zum „Basislager“ in Fuglafjørður besuche ich in Syðrugøta die 1995 erbaute Gøtu Kirkja (geführte Führung lohnt!). Zwölf Glaslampen in Anlehnung an die zwölf Apostel erleuchten das Kircheninnere. Markanter sind die Kirchenfenster des Glaskünstlers Tróndur Patursson (wir sind seiner Kunst bereits in Kirkjubøur begegnet). Den Berg Golgata mit seinen drei Kreuzen symbolisiert hingegen der freistehende Kirchturm durch seine drei Stränge.

Das nächste Besichtigungshighlight lässt nicht lange auf sich warten, quasi direkt gegenüber in Norðragøta. Zu Besuch bei einem Großbauern aus dem 19. Jahrhundert lädt die Blásastova ein. Mehrere schwarz getünchte Hütten lassen sich besichtigen ebenso wie die kleine Kirche (geführte Tour). Neben den vielen Einrichtungsgegenständen, Wohn- und Schlafräumen rückt besonders die Roykstovan/Rauchstube, Gute Stube ins Blickfeld. Vielleicht gar nicht so sehr wegen der Ausstattung, eher wegen des erläuternden Kommentars über die „Freuden des Alltags“ zur damaligen Zeit: Sie bestanden u. a. darin, wenn eine Kuh im Keller kalbt. Oder wenn der Knecht eine Tanzballade zu singen anfängt, während alle in der Rauchstube ihren Tätigkeiten nachgehen wie Spinnen, Kedern oder Stricken. Und wenn in der Nacht die Magd dafür sorgt, dass Feuer im Herd brennt. Und der Bauer frohlockend aufs Wetter schauen kann, um aufs Meer hinaus fahren zu können.

Gleich neben diesem sehenswerten Museum mit Kirche erinnert der Wikingerhäuptling Tróndur í Gøtu in Form eines Denkmals daran, dass er sich gegen die von den Norwegern auferlegte Christianisierung auflehnte. Warum man ihn waagerecht schwebend an dem Felsbrocken befestigte, bleibt ein Geheimnis des Künstlers.

Zum Abschluss der Eysturoy-Rundfahrten erlebe ich die Wikingerzeit ein weiteres Mal, im Dorf Leirvík. Bei der Dorfeinfahrt (dicht an der Tankstelle) hat man ebenfalls einen ehemaligen Wikingerhof freigelegt. Deutlich kann man hier die Siedlungstaktik der Nordmänner erkennen: Dicht an einer ruhigen Fjordeinfahrt gelegen, hier der Leirvík-Fjord, bildet ein frei stehender länglicher Felsen einen Naturhafen. Zu erklimmen ist die Felsküste allerdings nur unter großen Mühen.

Wegen des lebensnotwendigen Trinkwassers liegt der Hof direkt an einem rauschenden Bach. Fühlt sich genial an.

Hätten Sie gedacht, dass so kleine Inseln so viele attraktive Anlauflaufpunkte beherbergen können? Man muss eben nur erst einmal touristisch ausgetretene Pfade verlassen!

Durch den bei Leirvík erbauten kostenpflichtigen Unterseetunnel setzte ich meine Färöerrundfahrt fort und starte zur Erkundung der nördlichen Inseln. Davon dann mehr im folgenden Kapitel.

Wikingerhäuptling Tróndur í Gøtu

Inselhopping im Norden

Sechs bewohnte Inseln gehören zu dieser Gruppe. Drei von ihnen, Borðoy, Viðoy und Kunoy sind über Straßendämme zu erreichen. Für die drei übrigen Svínoy, Fugloy und Kalsoy besteigt man Fähren.

Beginnen wir mit dem größten Eiland dieser Inselgruppe, Borðoy. Noch auf Eysturoy nehme ich die Straße Nr. 10 Richtung Klaksvík. Bald wird auf den mautpflichtigen Unterseetunnel hingewiesen, der ab Leirvík bis fast ans Ortsschild von Klaksvík führt.

Schon stehe ich in der zweitgrößten Stadt der Färöer Inseln. Gut 5000 Einwohner wohnen in der färöischen Fischereihauptstadt mit einer ansehnlichen Hochseefischereiflotte. Beiderseits des Fjords Borðoyarvík warten fest vertäut hochmoderne Seitenfänger auf eine neue Fangreise. Gleich nebenan schunkeln Jachten, Ruder- und Segelboote.

Beim Stadtrundgang bleibt dieser Anblick lückenlos erhalten. Denn rund um die Bucht erstreckt sich Klaksvíks Zentrum, d. h. seine Hauptstraße mit Geschäften, Museen, Cafés und Restaurants. Selbst ein Kino wartet auf Zuschauer.

Kann man ihn bereits eine Sehenswürdigkeit nennen, den Hauptsitz einer der beiden Brauereien färöischen Bieres? Seinen Platz hat er jedenfalls direkt am Kai (Fjord südwestliche Seite).

Brauerei in Klaksvík

Auf dem Weg dorthin habe ich die moderne Christianskirkjan (erbaut 1963) mit dem frei stehenden Glockenturm bestaunen können. Wirkt sie in der Außenbetrachtung schon attraktiv, so darf man sich ihr geschichtsträchtiges Inventar mit 57 Quadratmeter hohem Fresko „Das Große Abendmahl" des dänischen Malers Joakim Skovgaard sicherlich nicht entgehen lassen. Eigentlich war das Kunstwerk für den Dom in Viborg (Nordjütland) bestimmt. Doch heute freuen sich die Färinger über den wundervollen Anblick. Vergessen wir nicht das vermutlich 4000 Jahre alte Taufbecken, welches einmal eine heidnische Opferschale gewesen soll. Mein Blick zum Dachfirst trifft auf das Schiff von Viðareiði, mit dem der damalige dortige Pfarrer zu den Siedlungen seines Pfarrbezirks gerudert wurde.

Im Zentrum von Klaksvík

Bevor ich nun weiterfahre zur nächsten Insel Viðoy, lege ich der Leserschaft eine weitere Buttercup Route an Herz. Von Klaksvík aus durchquere ich Borðoy. Mehrere Tunnel müssen durchfahren werden auf der Straße Nr. 70. Bei dem Damm hinüber zur Insel Viðoy folge ich aber erst einmal der Ausschilderung Múli (Straße Nr. 75). Es sind nur wenige, aber lohnende Umwegkilometer bis in das malerische Dorf.

Zum Stichwort „Tunnel auf den Färöer Inseln": Aktuell gibt es 17 an der Zahl (davon zwei mautpflichtige, Stand: 2019). Bequem zu durchfahren sind die hell beleuchteten, zweispurigen. Keine Tunnelängste darf man haben bei den engen, nur wenig erhellten, einspurigen Tunneln. Für größere Wohnmobile mit mehr als

Im Hvannasund

2,40 Breite und drei Meter Höhe könnte es eng werden, besonders an den Ausweichstellen. Also, Zunge gerade halten, Blick auf das meist lange vorher erkennbare Lichtfenster des Tunnelausgangs richten und sich dann durch die zwischen zwei bis vier Kilometer langen „schwarzen Löcher" gemächlich hindurchschieben. Dankenswerterweise nehmen die färöischen Verkehrsteilnehmer viel Rücksicht aufeinander, Touristen leider nicht immer. Soweit der kurze Einschub.

Wir fahren unsere Panoramastraße von Múli zurück bis zum Damm, überqueren auf ihm den Hvannasund auf die Insel Viðoy, biegen nach links ab (immer noch Straße Nr. 70) und erreichen auf panoramaähnlicher Küstenstraße bald das Dorf Viðareiði. Es gilt als nördlichste Ortschaft der Färöer. Wunderbar schön und friedlich liegt es im Schutz des Berges Villingadalsfjall. Bei gutem Wetter lohnt der Aufstieg. Bei Nebel rate ich davon ab, nicht so sehr wegen der mangelnden Aussicht auf die Nachbarinseln, sondern wegen der Gefahren an der Kliffküste.

Aus diesem Ort kommt also das Schiff, welches in der Christianskirkjan in Klaksvík zu sehen ist. Warum hängt es eigentlich nicht in der kleinen malerischen Dorfkirche selbst? Hatte es doch mehr zu bieten als „Dienstreisen" des Pfarrers! Auf der nur per Boot erreichbaren Nachbarinsel Fugloy zum Beispiel setzte man es darüber hinaus ein zum Fischen auch von Grindwalen.

Wie gesagt, die beiden Nachbarinseln Svínoy und Fugloy besitzen keine Straßenanbindung. Erreichbar sind sie per Schiff und Hubschrauber. Ab dem Hafen in

Hvanna (kurz südlich des Dammes) nehme ich die Fähre „Ritan“. Halb dient sie als Frachter, halb als Personenfähre. Eigentlich fährt sie nach Fahrplan. Eigentlich! Wetterverhältnisse bestimmen die Überfahrten aber stärker als gedrucktes Papier. Und wer auf die äußerste Insel Fugloy in die Siedlungen Kirkja oder Hattarvík möchte, muss rechtzeitig bei der Reederei anrufen. Hierhin wird nur bei Bedarf gefahren.

Doch allein die Schiffsrundfahrt zu den Inseln kann ich empfehlen. Sie ist schon ein Erlebnis für sich.

Weiter nördlich? Ausgeschlossen!

Einem Korken gleich schaukelt die Fähre durch den Svínoyar-Fjord, später dann über den Fugloyar-Fjord, immer entlang der sich oftmals auftürmenden, rund 100 Meter senkrecht emporragenden Felswände. Vogelwelt gibt es reichlich zu bestaunen.

Wer in jedem Fall am gleichen Tag wieder zum Heimathafen Hvanna zurückkehren möchte, kann es bei der Schiffsrundfahrt belassen. Wander- und Naturfreunden lege ich allerdings Fahrtunterbrechungen ans Herz. Übernachtungsmöglichkeiten gibt es auf beiden Eilanden. Auf Svínoy lassen sich nahe der Fähranlegestelle direkt an der Wasserlinie bei den hohen Felswänden die einzigartige Flora und Fauna erkunden, bevor es durch ein weites, grünes Wiesental zum Dorf Svínoy weitergeht. Die sehr freundlichen Gastgeber sammeln auf Anruf hin ihre Gäste per Elektrokarren auch gern irgendwo auf oder holen das Gepäck bereits an der Fähre ab. In der Dorfkirche befindet sich ein Grabstein mit Kreuz aus der Wikingerzeit. Es heißt, dass hier der Großbauer Svínoyar Bjarni von Svínoy begraben sein soll, ein Onkel des Wikingerfürsten Tróndur í Gøtu (vgl. Kapitel über Eysturoy).

Ein Zwischenstopp auf Fugloy bietet sich gleichfalls an. Nicht nur die beiden sehr unterschiedlichen Kirchen laden zur Besichtigung ein. Wir betreten obendrein geschichtsträchtigen Boden. Es heißt, dass dieses Inselchen seinerzeit Heimat der sogenannten Haufenmänner gewesen sein soll. Dabei handelte es sich um eine relativ kleine Bevölkerungsgruppe, die versucht hatte, die Macht über die Färöer zu erlangen. Der Versuch misslang. Die Aufständischen wurden zum Tode verurteilt und über die Klippen gestürzt.

Auf der Insel Kunoy

Schippern wir lieber zurück auf die friedlich dahin schlummernde Insel Kunoy, ebenfalls per Straßendamm erreichbar. Sie wird als höchste Insel der Färöer bezeichnet, denn sechs der insgesamt neun Gipfel über 800 Meter Höhe ragen auf ihr empor. So kuschelt sich das gleichnamige Dorf mit denkmalgeschützter Kirche als beeindruckende Szenerie an hohe Bergwände. Bergsteiger finden hier gute Klettermöglichkeiten.

Bleibt noch als letzte der sechs Nordinseln Kalsoy übrig. Die Autofähre zur Insel legt in Klaksvík ab (Ostufer). Ob es notwendig ist, sein Vehikel mit auf die Insel zu nehmen, bleibe dahingestellt. Die einzige Straße entlang der Ostküste bis hinauf nach Trøllanes (knapp 20 Kilometer ab Fähranleger) kann ebenso gut mit dem Inselbus erreicht werden. Fähr- und Busfahrplan sind aufeinander abgestimmt. Die Hauptattraktion der Insel finde ich im Dorf Mikladalur.

Steil bergauf, bergab schlängeln sich die hiesigen Dorfstraßen. An ihren Rändern stehen oft schwarz getünchte Häuser und Hütten. Tief unter mir donnern die Wellen des Nordatlantiks an die Felswände. Auf dem Weg in die Felsenbucht schaue ich noch auf das Bild der Marjunar Hav. Hierbei bedeutet der Begriff Hav so viel wie „schwerer Stein“ (bis 300 Kilogramm Gewicht). Es heißt, dass mit den Havs seinerzeit Soldaten rekrutiert wurden. Nur wer einen solchen Stein emporheben konnte, wurde für das Militär als tauglich empfunden.

Hier im Dorf erzählt man von jener Marjun, einer Hausmagd, die außerehelich schwanger wurde. Als Beweis, dass sie vergewaltigt wurde, soll sie zur Beteuerung ihrer schuldlosen Schwangerschaft einen solchen Stein emporgehoben haben. Doch weder der Übeltäter wurde jemals entdeckt, noch gibt es Aufklärung über das weitere Schicksals der Marjun.

Soweit ein kleiner, nicht belegbarer Wegbegleiter hinunter zur Bronzestatue der Seehundsfrau. Um dorthin zu gelangen, muss ich tief hinab über einen Pfad und schließlich mehr als 100 Treppenstufen steigen. Fest im Fels verankert, veranschaulicht die Bronzestatue direkt am Meer eine dazugehörige Sage:

Legende der Seehundsfrau

Die Legende besagt, dass Seehunde menschliche Wesen sein sollen, die Selbstmord durch Ertrinken begingen. So versammeln sich am Vorabend der Heiligen Drei Könige alle Seehunde an der Küste von Mikladalur. Sie legen ihre Seehundfelle ab, nehmen wieder menschliche Gestalt an und tanzen die Nacht hindurch.

Ein junger Mann aus Mikladalur hatte Wind von diesem Treiben bekommen. So stieg er in besagter Nacht hinab in die Felshöhle, um zu erkunden, ob die Geschichte wahr sei. Und siehe da, nach Sonnenuntergang schwammen Hunderte von Seehunden an die Küste, entledigten sich ihrer Felle und begannen die Tanzzeremonie.

Unter den Tanzenden machte er eine besonders schöne Maid aus. Vorsichtig verließ er sein Versteck hinter einem Felsen und stahl ihr Fellkleid. Bei Sonnenaufgang legten alle Seehunde ihre Felle wieder an. Nur die Schöne konnte das ihrige nicht finden, denn der junge Mann hatte es versteckt. Als sie ihn entdeckt hatte, bat sie inständig, ihr das Fell zurückzugeben. Sie stieß auf taube Ohren.

Der junge Mann stieg mit dem Seehundfell wieder hinauf ins Dorf zu seiner Hütte. So blieb dem armen Mädchen nichts weiter übrig als ihm zu folgen. Er zwang sie zur Heirat, mit dem Versprechen, ihr eines Tages ihr Fell wieder zu überlassen. Notgedrungen willigte sie ein. Ihr Fell aber blieb verschlossen in einem Schrank, dessen Schlüssel der junge Mann stets an seinem Gürtel trug.

Eines Tages beim Fischen im Fjord bemerkte er, dass der Schlüssel nicht mehr am Gürtel hing. Rastlos ruderte er zum Ufer zurück, ahnend, was passiert sei. Und so kam es denn auch: Seine Seehundfrau war verschwunden, die Kinder saßen verstört und verängstigt in der Küche. Um der Rache des Fischers zu entgehen, hatte sie vorher sämtliche scharfen Gegenstände und Messer aus dem Haus ins Meer geworfen.

Sie eilte hinab zum Meer, streifte ihr Seehundfell über, warf sich ins Meer und schwamm davon.

Vor Gram über den Verlust saß der Mann von nun an trübselig am Ufer, voller Hoffnung, dass seine Frau zurückkäme. Das geschah natürlich nicht. Zusammen mit anderen männlichen Dorfbewohnern fing er aus Rache an, jeden Seehund, der sich dem Ufer näherte zu töten, auch die jungen.

Doch eines Tages erschien seine Seehundsfrau wieder in Gestalt eines hässlichen Trolls. Sie beschuldigte ihn der vielfachen Tötung ihrer Seehundsartgenossen. Als Vergeltung kündigte sie ihrerseits den Tod vieler Männer aus Mikladalur an. Sie drohte, diese eines Tages von den Klippen ins Meer zu stürzen. Es sollten so viele den Tod erleiden, wie benötigt würden, um mit deren Armen die gesamte Insel Kalsoy zu umspannen. Nach dieser Ankündigung tauchte die Seehundsfrau auf Nimmerwiedersehen ins Meer ab.

Doch soll sie aus Sehnsucht nach ihren Kindern regelmäßig vor der Küste auf und ab schwimmen. Schauen Sie einmal intensiv auf den Fjord hinaus, vielleicht taucht die Seehundsfrau gerade wieder auf.

Der Wahrheitsgehalt dieser Vorhersage lässt sich naturgemäß nur schwer überprüfen. Vielleicht hilft es, einfach durch das Dorf zu schlendern und die männlichen Dorfmitglieder zu zählen. Ihre Anzahl könnte Aufschluss geben. Nicht umsonst werden die Nordinseln die „Orte der Hexen und Trolle“ genannt.

Nach so viel „Spökenkiekerei“ kehren wir im folgenden Kapitel zurück in die Realität und machen uns auf zu einer Rundtour über die westlichen Insel Vágar.

Die Seehundsfrau

Bei Papageientaucher & Co

Ganz realistisch durchfahre ich einen der längsten Streckenabschnitte, der straßenmäßig auf den Färöer Inseln möglich ist. Vom Fähranleger in Klaksvík auf der Insel Borðoy bis in den Hafenort Sørvágur auf Vágar. Stolze 77 Kilometer beträgt die Distanz, ohne eine Fähre nehmen zu müssen, sondern durch die beiden mautpflichtigen Unterseetunnel und einen weiteren ohne Maut. Dabei werden noch einmal die beiden Hauptinseln Eysturoy und Streymoy durchquert. Viele der Fjordstraßen habe ich ja bereits bei den einzelnen Erkundungsfahrten erlebt. Trotzdem wird sich keine eintönige Wiederholung einstellen. Denn, wie gesagt, die Perspektive ändert sich. Somit verlieren Panoramastraßen auch beim Rückweg nie ihren Reiz.

Nach gut zwei Stunden in gemütlichem Ausflugstempo tauche ich wieder auf aus dem letzten Tunnel, dem Unterseetunnel unter dem Vestmannasund. Verfahren kann man sich eigentlich nicht, denn erst kurz vor dem Tunnel nach Vágar wechselt die Straßennummer von 10 in 11. Und ab dem Kreisel nach Tórshavn bzw. nach Vágar weisen mir die Flugplatzschilder den Weg.

Nur wenige Kilometer vor meinem eigentlichen Ziel, dem Ort Sørvágur, hat man diesen internationalen Flughafen errichtet. Er ist auch der einzige auf der gesamten Inselgruppe. Sein Vorläufer an gleichem Ort entsprang einer Idee britischen Militärs während des Zweiten Weltkriegs. Versteckt hinter einer Bergkette war er so von See her weder sicht- noch angreifbar. Heute wird er u. a. täglich von Kopenhagen aus angeflogen. Somit erklärt sich auch der hohe Anteil dänischer Touristen, die auch gern einmal für einen Kurztrip auf die Färöer kommen, zum Beispiel zur Adventszeit, um das bereits erwähnte Weihnachtsdorf Æðuvík zu besuchen (vgl. Kapitel über Eysturoy).

Bevor ich mich dem Hauptanziehungspunkt der Insel widme, der vorgelagerten Vogelinsel Mykines, durchstreife ich noch einige wenige andere Inselorte.

Unmittelbar an einer Weggabelung (Straße Nr. 11) stehen die Häuser von Sandavágur. In der Dorfkirche ist der aus der Wikingerzeit stammende Rundstein aufgestellt. Er trägt die Inschrift, dass Thorkhilð Onundarsonur, Ostisländer aus Rogaland, sich als Erster hier niederließ. Ich folge dieser Nebenstraße bis zu ihrem Ende und erblicke den Trøllkonufingur (Finger der Zauberin). 313 Meter ragt die schlanke Felssäule aus dem Meer heraus. Dieser Felsen gilt als eine starke Herausforderung für Bergsteiger. Seit 1844 sollen es erst vier Kletterfreaks bis zur Spitze geschafft haben.

Mehr nach Hirntätigkeit klingt die Tatsache, dass in diesem Dorf Sandavágur der damalige Pfarrer V. U. Hammershaimb im Jahr 1846 die erste, auch heute noch überwiegend gültige färöische Rechtschreibung erschuf.

Nur einmal über den nächsten Bergrücken muss ich fahren bis zum nächsten Zwischenhalt in dem fast schon städtchengroßen Miðvágur. Auch hier kerbt sich ein Fjord in die sanfte gebirgige Landschaft. Unübersehbar ist die strahlend weiße Kirche in der Ortsmitte. Ihr gegenüber steht ein Denkmal für den Schriftsteller und Liederdichter Mikkjal á Ryggi (1879 bis 1956). Ein Schild für Sehenswürdigkeiten an der Kirche macht neugierig. Ich biege kurz um die Ecke und betrete den Jansagerði. Liebevoll hat man hier eine hügelige Parklandschaft mit teilweisem Waldbewuchs an dem sprudelnden Dorfbach gestaltet. Waldbewuchs gilt auf den Färöern eben als Besonderheit.

Miðvágur – Denkmal für Mikkjal á Ryggi

Haus für die Pastorenwitwen in Miðvágur

Knapp einen Kilometer bergan wandere ich anschließend zu einer weiteren ausgeschilderten Attraktion, zum Kálvalíð, am nördlichen Hang gegenüber der Kirche gelegen. Zu betrachten gibt es ein altertümliches Feldsteinhaus. Filmisch diente es als Hauptszenerie für den Streifen über die lebensfrohe, mehrfach verheiratete Pastorenwitwe Beinta (18. Jahrhundert). Bis in die Neuzeit verbrachten in der Tat Pfarrerswitwen ihr stilles Dasein in diesem Häuschen. Noch in den 1950er-Jahren war es zu diesem Zweck bewohnt.

Der bereits erwähnte Flughafen in unmittelbarer Nähe findet in Miðvágur seinen geschichtlichen Widerhall im Kriegsmuseum Krígssavnið. Man kann sich gut vorstellen, welche Veränderungen, im Guten wie im Schlechten, der Bau einer solchen Militärbasis für die Insel mit sich brachte. 2000 damalige Inselbewohner sahen sich 6000 Mitgliedern britischen Militärs gegenüber. In dokumentarischen Einzelsituationen und Augenblicksbildern wird diese turbulente Periode nunmehr museal eingefangen.

Schließlich erreiche ich nach einem weiteren Bergrücken den Ort Sørvágur, meinen hauptsächlichen Zielort auf der Insel. Der Ortskern schmiegt sich idyllisch um das Ende des Sørvágur-Fjords. Berändert von saftigen Wiesen, rühmt sich das Dorf des größten Sandstrandes der Insel.

Am Nordufer des Fjordes (Straße Nr. 45) bietet sich eine weitere Buttercup Route für einen Abstecher an, nämlich nach Bøur. Von hier aus genieße ich einen der wohl herrlichsten Ausblicke im Land, u. a. hinüber zur Insel Mykines. Kurz hinter dem Dorf lasse ich das WoMo stehen, um ins vier Kilometer entfernte Dorf Gásadalur zu wandern. Sicherlich ginge es auch per Auto durch den neu erbauten Tunnel. Doch die historische Bergroute, welche die Einwohner und der Postbote noch bis 2003 nehmen mussten, um Anschluss an die Außenwelt zu haben (oder per Hubschrauber), reizt stärker. Der Weg erweist sich als ständiger Auf- und Abstieg, teilweise hoch über dem Meer am Steilhang entlang. Es lohnt und dient als ausgezeichnetes Training für den eigentlichen, touristischen Magneten der Insel Vágar.

Wen man auch fragt, privat oder offiziell, die Vogelinsel Mykines gilt als MUSS eines jeden Färöerbesuchs. Die kleine Fähre dorthin kann nicht mehr als maximal 40 Passagiere mitnehmen. Obwohl sie in der Hauptsaison ein- bis dreimal pro Tag die Gäste übersetzt, ist sie schnell ausgebucht. Das birgt natürlich das färöische Wetterrisiko in sich. Denn sie darf nur bei ruhiger See ablegen. Tickets gibt es online (mykines.fo) oder telefonisch (00298/210870). Ich habe gute Erfahrung gemacht mit dem morgendlichen Blick zum Himmel, der daraus zu ziehenden Schlussfolgerung, dass das Wetter wohl positiv stabil bleibt, und dem frühmorgendlichen (ca. 8 Uhr) Anruf wegen eines Tickets. Bei mehreren Abfahrten am Tag stehen, nicht zuletzt wegen Stornierungen, die Chancen eigentlich recht gut, sofern Sie nicht gleich mit einer ganzen Gruppe kommen. Und bevor ich es vergesse: Mit dem Hubschrauber gelangt man auch auf die Insel.

Buttercup Route zum Dorf Bøur

Papageientaucher als Begleiter

In ihrem Anblick liegt wohl ein gewichtiger Grund, warum die Insel Mykines zu einem der Topziele auf den Färöern zählt. Also wird sie massenhaft besucht, erwandert, bestaunt. Zwischen 80 und 140 Gäste muss die kleine Insel während der Reisesaison täglich verkraften. Das klingt nach wenig, bedeutet für das empfindliche Naturschutzgebiet, ihre Fauna und Flora aber eine hohe Belastung. So lässt sich auch erklären, dass Eintritt verlangt wird, um den Naturraum betreten zu dürfen (wird zusammen mit dem Fährticket kassiert und auf der Insel kontrolliert). Diese Einnahmen dienen zum Erhalt und ggf. Renaturierung der Insel.

Fünf Stunden Zeit sollte man sich gönnen, um den Rundweg zu erwandern, besser noch einen ganzen Tag. Die Fähre legt nach gut 30 Minuten schwankender Fahrt in dem kleinen Naturhafen des felsigen Eilands an. Wirklich fest vertäut werden kann sie aufgrund des Wellenganges nicht. Starke Arme der Crew helfen, die Lücke zwischen Boot und Inselland sicher zu bewältigen.

Dann heißt es zunächst erst einmal, gut 100 Treppenstufen zu bewältigen, die Felsküste empor hinauf ins Dorf. Fruchtbares Grasland, auf dem jede Menge Schafe grasen, bedeckt das Eiland. Wer den Eintritt ins eigentliche Naturschutzgebiet nicht bezahlt hat (oder bezahlen möchte), darf lediglich das Dorf besuchen, aber nicht in die Vogelschutzgebiete wandern. Kontrolliert wird nicht unbedingt am Eingang des Naturschutzgebietes, jedoch unterwegs von stets präsenten Rangern.

Eben und flach präsentiert sie sich nicht gerade, diese erste Hälfte der Inselwanderung. Relativ steil geht es zu Beginn einen Wiesenhang hinauf auf dem markierten, ausgetretenen Graspfad. Nach rund 20 Minuten kommt auf dem Hügelkamm die erste Belohnung in Form einer Kolonie von Papageientauchern. Doch Achtung: Um sie zu fotografieren, muss man sich recht dicht an die Kliffkante herantasten mit direktem Blick senkrecht hinab aufs Meer. Also, schwindelfrei sollte man schon sein. Nun, putzig sehen sie aus, diese tölpelhaften Buntschnäbel. Sehr scheu sind sie zum Glück auch nicht. Beim Fotografieren kann ich mir ausführlich Zeit lassen.

Anschließend bleibt der Rundweg erst einmal auf sicherem Terrain und führt vorbei an dem Gedenkstein für alle jene, die auf See geblieben oder von den

Klippen gestürzt sind. Allmählich nähere ich mich wieder der Felskante bis zu einer Stelle mit einem Spannseil. Über mehrere Steintreppenstufen hangelt man sich nun, Felswand rechts, Sicherungsseil links, mehrere Meter hinab. Über den Köpfen nisten oftmals Möwen. Doch sollte man die Augen lieber auf den schmalen Pfad richten, der nunmehr beginnt und mich eine Etage tiefer leitet. Zu überhören sind die Vögel eh nicht. Und wenn etwas Weiß-Graues auf den Kopf platscht, na ja ...

Die Fortsetzung der Wanderung ähnelt jetzt eher einer Klettertour, hinein in eine Talmulde. Mal mit, mal ohne Treppen klettere ich stetig hinab. Dabei präsentieren sich die Papageientaucher in der Tat als ständige Begleiter, da der Weg durch zwei weitere ihrer Nistkolonien führt. Nicht nur Einzeltiere zeigen sich, sondern ganze Großfamilien lugen aus dem Gras, auf irgendwelchen Hügelchen, über bewachsenen Felskanten hervor. So geht es im Zickzack tief hinab zur einer Hängebrücke. 35 Meter über dem Meeresspiegel spannt sie sich von einem Inselteil zum anderen.

Sind Sie schwindelfrei oder verspüren Sie eher Schmetterlinge im Bauch beim Überqueren der schwankenden Planken? Unbeschreiblich ist der Blick hinunter ins Wasser, hinein in die felsige Meeresenge. Das Wort „Enge" ist hier wörtlich zu nehmen. Oder beruhigen Sie Ihren Magen und richten Ihre Aufmerksamkeit eher auf die Hügelfläche mit den Papageientaucher, Tölpeln, Dreizehenmöwen oder Eissturmvögeln. So passiere ich die wohl einzige Fußgängerbrücke über den Nordatlantik. Sie verbindet die Hauptinsel mit dem Anhängsel Mykines Hólmur, auf dem ein Leuchtturm steht.

Also geht es einen weiteren Graspfad diagonal wieder hinauf bis zum Leuchtturm. Sehr steil ist er nicht, doch er zieht sich hin. Oben angekommen finden Sie nicht nur genügend Platz für ein Picknick mit unschlagbarer Rundumsicht sondern auch die Reste einer ehemaligen Geschützstellung aus dem Zweiten Weltkrieg. Man glaubt sich am Ende der Welt. Gut, dort bin ich nicht angelangt, aber zumindest am westlichsten Punkt der Färöer Inseln.

Sind Sie weiterhin neugierig und vor allen Dingen schwindelfrei? Dann tasten Sie sich doch noch vor zum Leuchtfeuer, immer an der Klippe entlang. So können Sie auch die Basstölpel entdecken, die am liebsten auf den Felsvorsprüngen nisten.

Es wird Zeit, an den Rückweg zu denken. Entweder Sie wählen die gleiche Strecke wie auf dem Hinweg oder Sie nehmen wie ich ab Leuchtturm den unteren Pfad. Automatisch werden Sie wieder auf den Hauptweg und zum Dorf geleitet.

Fünf Stunden Zeit für diese sieben bis acht Kilometer lange Rundwanderung, das klingt erst einmal nach zufriedenstellender Gemächlichkeit. Die Aussichts- und Fotoanlässe sind aber so zahlreich, dass die Zeit gefühlt wie im Fluge vergeht. Eigentlich ist sie viel zu kurz. Denn den anderen, ebenso reizvollen Teil der Insel mit den „Steinfestungen Korkadalur" (Steinskógir genannte Balsaltsäulen), mit dem Bach, der vom Viehweg bis zum eiskalten Badeplatz rinnt, können Sie dann nicht mehr wirklich entdecken. Aber warum nicht eine Inselübernachtung einplanen? Gelegenheiten hierfür finden Sie genügend im Dorf.

Was bleibt von diesem außergewöhnlichen Besuch im Gedächtnis? Der ständige Gesang und das Gekrächze der Vogelwelt, fast wie in einem Konzertsaal, das satte Grün der Wiesen, durchsetzt von Blumen als Farbtupfer, die schroffen Felsenklippen mit den Vogelnestern, der Anblick des bunten Dorfes mit seinem weißen Kirchlein graben sich sicherlich tief ins Gedächtnis ein.

Last but not least! Mein Aufenthalt auf den Färöer Inseln neigt sich dem Ende zu. Den letzten kompletten Tag nutze ich, um noch eine der südlichen Insel zu besuchen, Sandoy.

Sanfter Ausstieg

Eine letzte Inseltour nach Sandoy gönne ich mir noch, bevor in Tórshavn die Fähre ablegen wird, die mein Wohnmobil und mich nach Island bringt.

Südwestlich von Tórshavn/Kirkjubøur, beim Dorf Gamlarætt startet die Autofähre nach Sandoy, eine der südlichen Färöer Inseln. Also steht wiederum die Entscheidung an, Fahrzeug mitnehmen oder nicht. Ein Blick in den Fahrplan zeigt, dass Fähren und Inselbusse ein weiteres Mal gut aufeinander abgestimmt sind. Also parke ich das WoMo am Fährhafen. Gut gebucht scheint die Fähre zu sein, der Autoschlange nach zu beurteilen. Lediglich rund 30 Minuten wird die Überfahrt dauern.

Ein im wahrsten Sinn des Wortes ruhig sanfter Tag steht mir bevor. Bei fast glattem Meer pflügt das Schiff durch den Skopunar-Fjord. Dabei umrundet es noch zur Hälfte die kleine Insel Hestur, bevor es im Fährhafen Skopun anlegt. Mehrere Linienbusse am Kai warten schon auf Fahrgäste. Schnell muss ich auswählen: Nehme ich die Route mit der Endstation im Dorf Skálavík oder fahre ich erst ins südlichere Dalur? Ein kurzes Gespräch mit einem der freundlichen Busfahrer hilft bei der Entscheidung. Ich wähle ich die erste Variante.

Das Dorf Skopun auf Sandoy

Der landschaftliche Unterschied zu den rauen, gebirgigen Nordinseln wird während der Bustour sofort sichtbar. Durch weite, grasbedeckte Landschaft schlängelt sich die Straße (Nr. 12). Hier und da werden Einzelgehöfte oder ein Schafstall sichtbar. An dem Binnensee Sandsvatn haben Fischer und Angler kleine Steinhütten errichtet. Einige Ruderboote dümpeln am Ufer still vor sich hin. Mit ihren überwiegend sanften Steigungen und großen Weiten eignet sich die Insel bestens zum Wandern und Radeln.

Nach einer knapp halbstündigen Fahrt ist die Busendstation erreicht, das Hotel im Küstendorf Skálavík. Die verbleibende Reststrecke ins Dorfzentrum muss ich zu Fuß zurücklegen. Zentrum klingt nach Infrastruktur. Weit gefehlt! Lediglich einige wenige Häuser säumen den Straßenrand hinunter zum Hafen. Das restliche Dorf verteilt sich auf den umliegenden Hügeln. An der Mole selbst heißt es verheißungsvoll „Café“. Doch weder auf der Straße noch im Café selbst ist ein menschliches Wesen auszumachen. Also begrabe ich den Traum nach einem Getränk.

Doch nicht ganz. Vor einer kleinen Hütte mit Informationstafel komme ich doch noch mit einem Einwohner ins Gespräch. Er gibt sich als Bürgermeister der Gemeinde aus. Die Hütte dient als offizielle Verwaltung, Dorfgemeinschaftshaus, Treffpunkt eben. Mein Gesprächspartner wartet gerade auf weitere – männliche –

Der Bürgermeister des Dorfes Skálavík

Bewohner. Denn jeden Dienstag wird hier „Frühstücksstammtisch" abgehalten. Eine entsprechende Einladung schlage ich nicht aus.

Interessantes zu berichten weiß mein Gastgeber. Die meisten Färinger fühlen sich wohl im Land, erklärt er. Hier gehe es überwiegend stressfrei zu. Jobs gäbe es genug, sodass Arbeitslosigkeit kein wirkliches Thema sei. Seine Hauptsorge gelte der Landflucht, so auch der von seiner Insel und besonders seiner „Gemeinde im Nirgendwo". Tórshavn ziehe die jungen Leute magnetisch an und ab, wegen der Arbeitsmöglichkeiten. Die Berufe mit dem „F" (Farmer und Fischer) wolle die Jugend kaum noch erlernen, geschweige denn ausüben. So idyllisch die Insel erscheine, so umständlich und zeitaufwändig sei es zur Hauptinsel Streymoy zu gelangen. Große Hoffnungen setze er auf den angedachten Unterseetunnel. Die Planungen hätten schon begonnen. Ab 2023 oder 2024 solle man fährfrei nach Tórshavn gelangen.

Nun, die Stammtischherren kann ich nicht mehr kennenlernen, denn mein Bus wird nicht auf sie warten. Und ich möchte noch mehr von der Insel erkunden. Ja, solche Gesprächspartner zeigen und erläutern authentisches Alltagsleben, weit entfernt von den Tourismusbroschüren. Also verabschiede ich mich dankend, um anschließend mit dem netten Busfahrer weiter zu plauschen. Dessen Aussagen decken sich größtenteils mit denen des Bürgermeisters. Er gehe bald in Rente, erzählt der Busfahrer, dann könne er sich endlich intensiv seinen Lieblingshobbys widmen. Auf Nachfrage, welche das denn seien, schälten sich die oben erwähnten Berufe mit dem „F" heraus.

Derart unterhalten, erreiche ich kurz darauf den Hauptort der Insel, Sandur. 500 Einwohner leben hier, erzählt mir die Leiterin der Sands Bygdarsavn, sprich des Heimatmuseums. Einige schwarz getünchte Hütten zeigen Leben aus dem 19. Jahrhundert. Eher mehr Beachtung finden die örtliche Kunstgalerie oder die Wikingersiedlung in der Nähe der kleinen, reizenden Holzkirche von 1838.

Sandur bildet auch den Knotenpunkt für die Buslinien. Somit kann ich auch problemlos die südöstlichen Dörfer Húsavík und Dalur erreichen. Auf einspuriger Straße, die sich an den Steilhang über dem Meer anzuklammern scheint (Hut ab vor der Fahrkunst des Busfahrers), komme ich ziemlich durchgeschüttelt in Dalur an, in dem Dorf für Woll- und Strickerzeugnisse, ganz unten im Süden der Insel. Es präsentiert sich mindestens ebenso einsam wie Skálavík. Unterwegs durchstreife ich noch kurz den Ort Húsavík. Bekannt ist er in der färöischen Geschichte eigent-

Kirche in Sandur

lich nur durch seine Pestperiode im 14. Jahrhundert. Aussichtsreicher wegen seiner Klippen präsentiert sich hingegen Skarvanes am westlichen Ufer. Der Leser mag sich fragen, wie das alles per Linienbus zu bewältigen sei. Glück muss man haben und Kommunikation mit den Einheimischen nicht scheuen (Motto: „Talk to a local“). „Mein“ Busfahrer jedenfalls opfert Teile seiner Mittagspause, um mich einmal noch eben schnell um die Ecke zu fahren. Die Entfernungen auf der Insel sind wirklich minimal. Doch durch diese gastfreundliche Geste lerne ich auch diesen abgeschiedenen Inselteil kennen, bevor es zurück geht zur Fähre in Skopun.

Genügend Zeit bis zur Fährabfahrt bleibt noch für einen Dorfrundgang durch das enge, von schwarzen Fischerhütten gesäumte Dorfzentrum. Ich richte den Blick auf einen der umliegenden Hügel. Hier ragt das Dorfwahrzeichen glänzend in die Höhe. Nein, mal kein Denkmal oder Kirche schimmert in der wolkenverhangenen Nachmittagssonne. Die Skopuner sind stolz auf ihre blaue Landmarke, die lange Zeit im Guinessbuch der Rekorde verzeichnet war, stolz auf ihren ehemals größten Briefkasten der Welt. Wer Post versenden möchte, muss sich eine Leiter mitbringen. Bei den Ausmaßen von 7,42 Metern Höhe und 4,45 Metern Breite liegt der Einwurfschlitz in jedem Fall außerhalb menschlicher Reichweite. Doch diese Tatsache wundert niemanden auf der „Insel der Nöcken, Trolle (meist ohne Kopf), Hexen“, aber auch „schlimmen Pfarrern“. Sie alle sollen im Laufe der Zeiten hier ihr Unwesen getrieben haben. Wer es nicht glaubt, der suche als handfeste Beweise nur die Hexenhöhlen, die Fußspuren eines Riesen oder eben seinen Knöchelabdruck im Fels. So sanft die Inselnatur sich zeigt, so sanft gleitet am frühen Abend die Fähre zurück nach Gamlarætt

Somit endet auch nach rund 800 Kilometern mein Besuch auf der färöischen Inselwelt. Nicht sämtliche Inseln mit ihren Attraktionen konnte ich anlaufen. So fehlen mir zur Vollständigkeit die südlichste, also Suðuroy, aber auch kleinere Ausflugsziele wie Koltur, Hestur oder Skúvoy. Das erscheint mir verkraftbar. Und wer weiß, welche Reiseziele die Zukunft noch bringen wird.

Ein letzter Abend in der färöischen Hauptstadt mit erneutem Bummel durch die Altstadt und Þinganes, eine letzte Übernachtung auf dem dortigen Campingplatz, allmählich richten sich die Gedanken auf den Folgetag mit der Fährübersetzung nach Island. Wenn diese Kapitel über die Färöer Inseln aus redaktionellen Gründen auch hinter die Islandkapitel angefügt werden, diese Erlebnisse bilden den eigentlichen Auftakt meiner dreimonatigen Reise.

Bye, bye, Färöer!

GRÖNLAND

Grönland

Einstimmung

Zu Wasser oder durch die Luft ? Im Winter bietet sich auch die Variante mit den Hunde- bzw. Motorschlitten an. Damit hat es sich aber auch bereits beim Thema über Grönlands Fortbewegungsmöglichkeiten. Denn auf dieser riesigen Nordinsel sind lediglich der Süden sowie Teile der West- bzw. der Ostküste streckenweise besiedelt. Mitunter reicht das Inlandeis bis ans Meeresufer heran. Und somit gibt es in Grönland keinen Ort, der mit einem anderen durch eine Straße verbunden ist. Zwar locken fantastische Wandermöglichkeiten. Für alltägliche Ortsanbindungen bleiben sie jedoch untauglich.

Allein diese Gegebenheit duftet bereits nach außeralltäglich Besonderem. Als „Greenland Greenhorn" ist für mich anfangs nur bedingt nachvollziehbar, was ein solcher Umstand für das grönländische Alltagsleben bedeutet. Mein Wohnmobil hatte ich ja vorsichtshalber als offensichtlich „grönlandungeeignet" in Island gelassen.

Doch zurück zum eigentlichen Ort des Geschehens. Die grönländischen Orte selbst besitzen ein oftmals gut ausgebautes Straßennetz. Hier erlebe ich zum Teil regen Autoverkehr, von den Quads und den Motorrollern ganz zu schweigen. Hin und wieder radelt auch ein Unentwegter die hügeligen Straßen entlang. Doch jede Straße endet unweigerlich am Ortsrand. Manchmal verlängert sie sich noch als Schotterpiste um einige Kilometer, zum Beispiel bis zu einem abgelegenen Gehöft oder einem unscheinbaren Bootssteg. Nie aber bis zur nächsten Ortschaft. Also bleibt man auf den Luftverkehr (Flugzeuge, Hubschrauber) oder die Wassertaxis angewiesen.

Das mag als Einstimmung genügen. Lediglich Angelesenes als Vorbereitung auf diesen Trip zum „letzten zivilisatorischen Außenposten" brauche ich hier nicht wiederzukäuen. Das zu Erlebende wird für sich sprechen.

Sind Sie nun schon gespannt, wie ich es war, auf das „Abenteuer Grönland?" Springen wir gemeinsam hinein!

Arktischer Ozean
Ilulissat
Aasiaat
Sisimiut
Grönland
Maniitsoq
Nuuk
Qeqertarsuatsiaat
Paamiut
Narsarsuaq
Ivittuut
Qaqortoq
Prins Christianssund
Nanortalik
Nordatlantischer Ozean

Erstberührung mit der Eisinsel

Das knapp vierzehntägige Abenteuer beginnt in Islands Hauptstadt. In Reykjavík (Stadtflughafen) wartet bereits mein Flieger nach Narsarsuaq, im Südwesten Grönlands gelegen, auf mich. Der isländische Regionalflughafen bedient eigentlich nur Inlandsflüge. Vielleicht wird Grönland schon so empfunden.

Check-in, Sicherheitskontrollen und Gepäckabfertigung verlaufen wie gewohnt. Der zur Verfügung stehende Warteraum ist kleiner als der dazugehörige Tax Free Shop. Zu Fuß geht es dann über das Rollfeld zur mittelgroßen Maschine der Air Iceland Connect (Achtung: nicht verwechseln mit „Iceland Air"). Als Flugzeit werden zwei Stunden und 20 Minuten angegeben. Und selbst auf dieser Kurzstrecke werden Snacks und Getränke für umsonst gereicht.

Nachdem die letzten Bauten von Islands Hauptstadt aus den Augen verschwunden sind, umfängt mich bald bei klarem Flugwetter das tiefe Blau des Nordatlantiks. Da schmecken der gereichte Snack (Käse-Schinken-Croissant zur Auswahl) und der

Beim Abflug

Kaffee gleich doppelt so gut. Nach rund 90 Minuten Flugzeit wechselt Blau zunächst zu Grün, gleich darauf zu Weiß. Also haben wir die Ostküste der riesigen Eisinsel mit dem grünen Küstenstreifen und dem unendlichen Inlandeispanzer erreicht. Hier unten fast in der Südwestspitze dauert der Überflug allerdings nicht allzu lange, bis die Maschine auf Grönlands zweitgrößtem Flughafen zur Landung ansetzt.

Direkt am Fjord Tunilliarfik liegt der Ort Narsarsuaq. Eigentlich handelt es sich um eine ehemalige US Airbase aus dem Zweiten Weltkrieg. Nach diesen Kriegsjahren richteten die Amerikaner während des Koreakriegs der 1950er-Jahre hier ein zentrales Lazarett ein. Wie es heißt, wollte man den amerikanischen Bürgern den Anblick ihrer verletzten Soldaten nicht zumuten. Die heutigen Gebäude stammen fast alle noch aus jener Zeit, die Flughafenanlagen auch.

Viel Geschick müssen die Piloten von Air Iceland Connect schon mitbringen, um nicht unversehens im Eisfjord auszurollen, denn die Landebahn endet jäh kurz vor den Eisbergen am Wasser.

Wer einen erkennbaren Ort erwartet, sieht sich getäuscht. Wie willkürlich hingestreut wirken die wenigen Häuser, in denen rund 130 Einwohner leben. Die meisten von ihnen arbeiten entweder im ortseigenen Hotel oder am Flughafen. Erstaunlicherweise gibt es zusätzlich eine Jugendherberge, ein Geschäft, ein Café, ein Museum und eine Schule.

Narsarsuaq (übersetzt: Die große Ebene) gilt als Einfallstor zum südlichen Grönland, eben wegen dieses Flughafens. Nur so lässt sich auch die Existenz eines Hotels mit 92 Räumen und angeschlossenem Restaurant erklären. An Überachtungsgästen soll es nicht mangeln. Denn viele Reisende bleiben für Outdooraktivitäten oft mehrere Nächte im Ort.

Sofern man nicht bereits im Vorwege ausgedehnte Trekkingtouren (ein- oder mehrtägig) geplant oder sogar gebucht hat, das Inlandeis lässt sich auch bei einer mehrstündigen Kurzwanderung erreichen (acht Kilometer einfache Strecke). Also die Frühmaschine nehmen und erst am Abend zum nächsten Ort weiterfahren. Das klappt inklusive Café- und Museumsbesuch. Das Blue Ice Café mit seiner erstaunlichen Auswahl an Snacks, Getränken und Kunsthandwerk dient gleichzeitig als Touristeninformation. Die Außenterrasse liegt windgeschützt, bei Sonne ein Hochgenuss. Allerdings bedarf es erheblicher Windstärken, um die Mücken zu vertreiben. Glücklicherweise finde ich schnell mein Moskitonetz im Gepäck.

Eis über der Ostküste von Grönland

Im gleichen Gebäude, wie gesagt alles ehemalige US-Militärunterkünfte, ist das sehenswerte Museum beheimatet. Ein Teil der Ausstellung widmet sich jener Epoche während der US-Aktivitäten. Der andere befasst sich mit der Geschichte Grönlands und seiner Besiedlung. Das Wirken Eriks des Roten, dieses norwegisch-isländischen Seefahrers und Entdeckers um das Jahr 980 herum wird dabei besonders hervorgehoben. Auf dieser dreimonatigen Rundtour auf den Färöer Inseln, auf Island, hier auf Grönland und vor einigen Jahren auch auf der kanadischen Insel Newfoundland, überall in nördlichen Regionen treffe ich auf Spuren seiner Eroberungs- und Siedlungsumtriebigkeit.

Allmählich naht die Zeit des Transfers zum nächsten wirklichen Ort, nach Narsaq. Ein klappriger VW-Bus bringt Personen und Gepäck hinunter zum rund einen Kilometer entfernten Hafen (kann man auch gut zu Fuß machen). Wie gesagt, der Weitertransport vollzieht sich per Boot.

Ein kleines, gelbes Wassertaxi nimmt insgesamt fünf Passagiere samt Gepäck an Bord. Bei vier Grad spüre ich zwar heftige Kälte, es bleibt glücklicherweise aber trocken. Alles andere wäre auch mehr als ungemütlich, denn die Fahrt spielt sich zumindest für die Passagiere im Freien ab. In der wetterfesten Steuermannkabine wäre eventuell noch Platz für maximal ein bis zwei Personen. Also Arktisparker zugeschnürt, Mütze über die Ohren gezogen, Handschuhe nicht vergessen, schon geht es los.

Gehofft hatte ich auf eine gemütliche „Ausflugsfahrt", gemächlich den Fjord hinunter mit Eisbergpanorama. Das ist auch fast alles eingetreten. Nur das mit der gemütlichen Geschwindigkeit nicht. Das Speedboot (konnte man ihm vorher überhaupt nicht ansehen) raste um die Eisberge herum. Ich fühlte mich wie auf dem Geschicklichkeitsparcours eines Verkehrsübungsplatzes in tiefem Vertrauen zu den Steuerkünsten des Kapitäns.

Nach gut einer halben Stunde steuern wir eine einsame Bucht an. Man muss die Gegend halt kennen. An einem unscheinbaren Holzsteg verlassen zwei der fünf Fahrgäste das Boot. Sie wollen auf mehrtägige Trekkingtour. Die folgenden 45 Minuten verlaufen wie die erste halbe Stunde, Eisberge, Wind, Speed, bis dann am Horizont die Siedlung Narsaq auftaucht.

Da es im Sommer in diesen Breitengraden nicht dunkel wird, bleibt der erste Eindruck nicht nur beruhigend, sondern auch farbenfroh. Ein kurzer nächtlicher Rundgang schafft die Erkundungsstimmung für den Folgetag.

Narsaq hat 1500 Einwohner, ist also bereits ein für grönländische Verhältnisse größerer Ort. Das gesamte Straßennetz beträgt keine zehn Kilometer. Die beiden weit

Im High-Speed-Wassertaxi

Narsaq

gefächerten Ortsteile trennt ein tiefes Tal. Der 685 Meter hohe Hausberg Qaqqarsuaq bildet landeinwärts die Naturkulisse, die Eisberge auf dem Fjord meerseits.

In dem kleineren, stärker von bunten Einzelhäusern geprägten Dorfteil finde ich wiederum Spuren von Erik dem Roten, zumindest von einem seiner Clanhäuptlinge, der auf diesem Teil der Halbinsel fruchtbares Weideland fand und daraufhin eine Farm errichtete. Ein Schild weist auf die Ausgrabungsstätte hin. Doch man muss schon den Erläuterungen der Wissenschaftler glauben. Überreste dieser Farm sind dort im hohen Sommergras nicht mehr zu erkennen.

Nicht museal, sondern real wirtschaftlich ist der sich in der Nähe befindende Schlachthof. Jährlich werden hier sowohl Rentiere als auch mehrere tausend Lämmer geschlachtet. Dieses Fabrikgelände unweit vom Hafen ist weder zu übersehen noch zu überhören. Daneben bildet die Fischverarbeitung ein weiteres, wichtiges Standbein für den Ort.

Beim Rundgang entdecke immer wieder Buchstaben mit Nummern auf einzelnen Häusern, zum Beispiel „A-21“ oder „B-98“. Sie dienten zur Zeit der amerikanischen Militärbasis als Orientierungspunkte für die Piloten. In einigen dieser durchnummerierten Häuser befinden sich heute meist Museen, aber auch das Verwaltungs- und Kulturzentrum der Kommune.

Erstaunlich vielfältig zeigt sich die Museumsszene in dem kleinen Ort. Mehrere Häuser laden ein, von der kulturhistorischen Ausstellung (Haus A-34) über das Kommunehaus (B-98) mit Darlegungen zu den „Nordmännern", einer schon historischen Wohnung aus den 1950er-Jahren (B-59) bis zur wohl wichtigsten Museumseinrichtung, dem „Henrik-Lund-Haus". Dieses Gebäude befindet sich bereits im anderen Ortsteil direkt neben dem Friedhof. Wer war Henrik Lund? Der Dichter lebte hier von 1875 bis 1948 und schrieb den Text zur grönländischen Nationalhymne „Nunarput, utoqqarsuanngoravit / Unser Land, das so alt geworden ist".

Gleich nebenan auf einem Hügel steht die rot-weiße Kirche von 1927. Im Innenraum finde ich die symbolträchtigen Farben Gelb, Weiß und Blau für Sonne, Eis und Meer. Schließlich werfe ich noch einen Blick in den Fleisch- und Fischmarkt, Brædet genannt. Dann kann das kombinierte Fracht-/ Passagierschiff kommen für die Fahrt hinauf in die Stadt Ilulissat. Bei einem Kaffee auf der windgeschützten und sonnenbeschienenen Hotelterrasse bleibt noch genügend Zeit für die Beobachtung der Eisbergarmada auf dem malerischen Fjord.

Blick von Narsaq

Arktische Isolation – gen Norden per Schiff

Gegen 21 Uhr Ortszeit, d. h. vier Stunden früher als MEZ, taucht die rote Fähre Sarfaq Ittuk im Abendsonnenlicht am Horizont auf. Dieses mittelgroße Schiff wird nun für die kommenden knapp fünf Tage meine Heimat werden auf dem Weg nach Norden zum ewigen Eis. Fracht nimmt es reichlich an Bord, Passagiere auch. Wobei die Zahl der einheimischen Passagiere die der touristischen um ein Vielfaches übertrifft. Für einen Transport von Autos besteht kein Bedarf bei den nicht vorhandenen grönländischen Überlandstraßen. Und das spärliche innerörtliche Straßennetz lohnt die Fahrzeugmitnahme einfach nicht.

Nicht nur hier in Narsaq gehört die Fährankunft zu den offensichtlich wichtigsten Ereignissen im grönländischen Alltagsleben dieser Siedlungen, vielleicht sogar zu deren Höhepunkten. Sonst wären die Piers und die Ufer nicht so stark mit Schauenden und Wartenden bespickt. Herzliche Begrüßungsszenen und nicht weniger von Schmerz geprägte Abschiedssituationen prägen das Bild. Dort, wo vorhanden, parken Autos die halbe Kaifläche zu. Kurz gesagt, es herrscht reges Treiben in diesen Minuten und Stunden.

Start in Narsaq

Die Fähre (ausgeschildert als „Kreuzfahrtschiff") pendelt fahrplanmäßig zwischen Narsaq im Süden bis nach Ilulissat im Norden und wieder zurück. Die gesamte Routenschleife dauert eine Woche. Ein Dutzend isolierter Ortschaften wird unterwegs angelaufen, nordwärts wie südwärts. Grönlands Hauptstadt Nuuk bildet dabei den Schnitt- und Mittelpunkt dieser gut 1000 Kilometer langen Seereise (einfache Strecke). Somit ist die Fähre ausgestattet mit einigen wenigen in der Regel Vier-Bett-Kabinen die meist monatelang vorher ausgebucht sind.

Obwohl ich meine Buchung acht Monate vor Reiseantritt aufgab, war nur noch eine „Couchette" zu ergattern. In diesen Schlafstellen findet das Gros der Passagiere seine Nachtruhe. Dabei handelt es sich um einfache, doppelstöckige Holzkojen mit Matratzen, nischenartig auf den Decks installiert, jeweils mit Vorhang direkt am Bett für die Privatsphäre. Gemeinschaftliche Sanitäranlagen inklusive Duschen sind auf dem ganzen Schiff zu finden. Also alles nordisch rustikal, der mental vorprogrammierten Einstellung angepasst.

Verpflegt wird sich in der Caféteria, wobei mitgebrachte Eigenverpflegung in den Schiffsräumen nicht verzehrt werden darf. Dieses Verbot ruft besonders bei den einheimischen Gästen oftmals viel Ärger hervor. So sieht man sie denn vielfach in irgendwelchen zugigen Ecken auf den Außendecks ihr Picknick verzehren.

Im Zusammenhang mit Verboten ein Kuriosum am Rande: Überall weisen Schilder darauf hin, dass das Aufladen von Handys, PCs oder anderer elektronischer Geräte gegen eine Gebühr von zehn Dänischen Kronen auf Deck 3 an den dafür vorgesehenen Steckdosen zu erfolgen hat. Doch bei der hohen Anzahl an betriebsbereiten Steckdosen, die über das ganze Schiff mitsamt Cafeteria, in den Kabinen und an den Couchettes verteilt zu finden sind, bleibt der Geschäftserfolg offensichtlich aus.

Auf „Kreuzfahrten" wird vielfach ein Unterhaltungsprogramm erwartet. Hier ist die Reederei aktiv geworden. Selbst bei nur kurzen Zwischenstopps werden geführte Ortsbesichtigungen angeboten. Diese sind kostenfrei. Bei jedem Landgang erläutert die einheimische Fremdenführerin auf Englisch die Besonderheiten einer Siedlung, eines Ortes oder einer Landschaft. Da kann man nur sagen: Tolle Idee samt Durchführung.

Naturgemäß nehmen die grönländischen Passagiere nicht an diesen Führungen teil. Für sie ist diese Fahrt einfach eine Fortbewegungsmöglichkeit von A nach B. Eher trifft man sie im Kinosaal an, in dem fast ununterbrochen Videos gezeigt

Indigene Mitreisende

werden. Besonders jugendliche Passagiere sitzen mit gesenkten Häuptern und starren auf oder spielen mit ihren Smartphones – von technologischer Isolation keine Spur. Gemeinsam schimpfen in diesem Zusammenhang alle über die „monopolistisch ausbeuterischen Gebühren“ des einzigen Netzanbieters „tele.gl“.

Zum Programm gehört auch die „Polarkreistaufe“, welche auf der Nordfahrt zwischen Kangaamiut und Sisimiut stattfindet. Während der kleinen Zeremonie werden grönländische Fischsorten, u. a Stockfisch, und Champagner gereicht. Soweit das Beiprogramm dieser “Kreuzfahrt“.

Die unbestrittene Hauptdarstellerin dieses einzigartigen Naturfilms bleibt aber die Natur selbst. Stetig gleiten wir in relativer Küstennähe vorbei an den Gebirgen, Inseln und Fjorden. Je nördlicher wir kommen, desto unausweichlicher wechselt das Grün des Südens in das Grau des Nordens. Die Schafwiesen gehören spätestens ab Nuuk der Vergangenheit an. Graue Gebirgsfelsen übernehmen die Szenerie. In beiden Streckenabschnitten lugt hin und wieder auch bereits das Inlandseis hervor.

Die Gipfel steigen an auf 2000 Meter. In den Gebirgskuhlen taut der Schnee niemals weg. Dieses Naturschauspiel findet quasi kein Ende, bleibt jetzt im Sommer Tag und Nacht ständig beobachtbar. Voraussetzung dafür sind allerdings günstige

Wetterbedingungen. Das heißt, es darf nicht neblig sein. Dann nämlich bleiben die optischen Magnetpunkte verhüllt. Bei Regen und zu starkem Wind reduzieren sich die Decksaufenthalte automatisch auf kurze Zeitspannen. Bezüglich der Temperaturen hat man sich sicherlich im Vorfeld einiges theoretisches Wissen angeeignet und kleidet sich entsprechend. Doch keine Furcht. Hier prasselt weder Dauerregen auf den Betrachter hernieder, noch bläst der Sturm unaufhörlich. Leider scheint auch die Sonne nicht ununterbrochen. Wetterfeste Naturfreaks werden jedoch ihre wahre Freude an dieser Schiffstour haben.

Die Rahmenbedingungen sind wie erlebt dargelegt. Widmen wir uns den Orten, welche wir unterwegs anlaufen, mit und ohne Landgang. Dabei empfinde ich es als sehr positiv, dass keine der Zwischenstationen mitten in der Nacht zur Schlafenszeit erreicht und wieder verlassen wird. Sicherlich stoppt das Schiff auch mal recht früh morgens oder ziemlich spät abends an einer Siedlung. Die Zeiten bleiben alles in allem aber doch recht magenfreundlich, sprich biorhythmisch erträglich.

Wie bereits erwähnt, beginnt die Nordroutentour am Abend (21:30 Uhr) im Süden in Narsaq. Nonstop geht es die ganze Nacht durch bis zur ersten Siedlung Arsuk. Die noch im Fjord von Narsaq treibenden Eisberge sind restlos verschwunden.

Arsuk

Einen wirklichen Hafen besitzt Arsuk allerdings nicht, zumindest nicht für diese Schiffsgröße. Einige kleine, bunte Fischerboote dümpeln an den Felskanten vor sich hin, fest vertäut an Eisenhaken, wohingegen hölzerne Pontons eine Seltenheit darstellen. Also wird ausgebootet. Die Ankommenden samt Gepäck erreichen mit solch einem kleinen, auf den Wellen tanzenden Boot bald das Ufer. Die Abfahrenden klettern im Gegenzug dann auch kurz darauf die Seitengangway hinauf. Nur ganze 15 bis 20 Minuten dauert diese Prozedur. Und schon bald verschwindet der Ort im Dunst.

Stabkirche in Paamiut

Ob man sich das Minidorf mit seiner Umgebung wie dem Arsuk-Fjord nebst gleichnamigem Gletscher und dem Ikka-Fjord ein wenig intensiver ansehen möchte, mag wohl überlegt sein. Denn die nächste Abfahrt nordwärts erfolgt erst eine Woche später. Das erklärt, warum nur Einheimische das Schiff verlassen und auch wieder betreten haben.

Als nächsten Hafen steuern wir Paamiut an. Der Fahrplan hat als Ankunftszeit 14 Uhr ausgewiesen, 14:30 Uhr als Abfahrtszeit. Die Fahrt dorthin wird gewürzt mit Ausblicken auf Eisberge und Wale. Die einen weit draußen im Nordatlantik, eher schimmernden, weißen Punkten ähnlich als erkennbaren Eisbergen. Ein gutes Fernglas bringt es an den Tag, dass dort tatsächlich Eisberge langsam vor sich hin treiben. Die anderen schwimmen schon näher am Schiff vorbei. Also die Kamera stets griffbereit haben!

Trotz der recht kurzen Aufenthaltes in Paamiut ist Landgang angesagt. Man kann ihn eigenständig unternehmen oder sich der geführten Tour des „Ship Guide“ anschließen. Letzteres lohnt schon deshalb, weil die Fremdenführerin die Gäste auf direktem Weg und zielsicher an die entscheidenden Besichtigungsorte geleitet. In diesen Ort komme ich so vorbei an dem zentralen Platz mit der Walfischskulptur eines lokalen Künstlers und der vielfarbigen Stabkirche, ein Geschenk der Norweger an ihre grönländischen Freunde.

Das Schiffssignal mahnt zum Reboarding. Oder man vertreibt sich eben eine ganze Woche lang die Zeit in dem 1500 Einwohner starken Ort. Da bleibt dann für einen ausgedehnten Besuch des Heimatmuseums sicherlich genügend Zeit übrig.

Die nordischen Regionen entzücken immer wieder durch die Vielfarbigkeit der Häuser und Hütten. Aus Gesprächen mit Grönländern ergibt sich, dass die Farbauswahl nicht per Zufall oder Farbliebhaberei erfolgt. Hier in Grönland symbolisiert jede Farbe den Typ des Gebäudes. So steht Gelb für eine öffentliche Einrichtung wie Verwaltung, Krankenhaus etc., Rot beherbergt in der Regel einen Laden o. Ä., Blau hat immer etwas mit Fisch zu tun, Grün drückt die Sehnsucht nach lebendiger Natur aus. Die Farbe Weiß kommt so gut wie nicht vor, denn sie erstrahlt in der Natur durch Schnee und Eis im Überfluss. Einschränkend sei hinzugefügt, dass diese Symbolisierungen für ein modernes Grönland nur noch mit großen Vorbehalten gelten, in größeren Orten überhaupt nicht mehr. Da früher das Analphabetentum in den Einsamkeiten der Eisinsel stark ausgeprägt, wenn nicht sogar die Regel war, galten die Farbregeln als Wegweiser. In den boomenden Orten hingegen erfreut man sich nur noch an der Farbpracht. Heute werden oftmals einzelne kleine Stadtviertel oder Häuseransammlungen in einheitlicher Farbe gestrichen. Auch eine Form von Wegweisung.

Der dritte Stopp an diesem Tag, abends um 22 Uhr, ist in Qeqertarsuatsiaat. Kurz einmal den Fuß auf das Inselland mit 200 Einwohnern gesetzt, 15 Minuten für Ein- und Ausstieg müssen genügen. Der örtliche Held, der frühere dänische Kaufmann Anders Olsen hat hier Mitte des 18. Jahrhunderts einen regen Handel mit Wildlachs, Kabeljau und vor allen Dingen Robbenfellen ins Leben gerufen.

Hinein in die fast helle Polarnacht gleitet anschließend die Fähre Sarfaq Ittuk. Rund 100 Kilometer verbleiben noch bis Grönlands Hauptstadt Nuuk. Das bedeutet auch eine ungestörte Nachtruhe bis morgens um 7 Uhr. Ein ganzer Tag Stadterkundung liegt vor mir. Denn das Schiff verlässt den Hafen erst wieder um 21:30 Uhr.

Eine Beschreibung der Stadt in Stichworten könnte lauten: Nördlichste Hauptstadt Europas, Boomtown, aktuell rund 17.000 Einwohner mit wachsender Tendenz, deshalb an allen Ecken und Enden Baustellen, breit angelegte Straßen mit oft kastenförmiger Bebauung, weitläufige City, zwei große Einkaufszentren, mehrere innerstädtische Buslinien, historische Entdeckungsschätze eher an der Peripherie.

Hineinmarschiert in eine erwachende Stadt! Wem das zu früh ist, frühstückt erst noch ausgiebig an Bord. Die Öffnungszeiten von Geschäften, Museen etc. beginnen meist sowieso erst gegen 9 Uhr. Vom Hafen aus geht es gleich bergan, denn die Stadt liegt auf einem Felsplateau. Die gewundene Straße kann ich abkürzen durch einige Holztreppen. Man muss schon ein bisschen laufen, um zur Innenstadt und den Sehenswürdigkeiten zu gelangen. Doch der Morgenspaziergang lässt mich die Stadt irgendwie intensiver erleben.

Als erstes stoße ich auf das Seemannsheim (heute auch Hotel) und fast gleich nebenan auf einem Felsen auf den Hans-Egede-Gedenkstein und sein Grab. Jener dänische Kaufmann aus dem 18. Jahrhundert versuchte im Auftrag der dänischen Krone, in Grönland Handelsstationen zu errichten, in der Retrospektive mit mäßigem Erfolg. Doch verehrt man ihn zu vielerlei Gelegenheiten auch heute noch sehr, zumal er seinerzeit mit einer Grönländerin verheiratet war. In Nuuk selbst stehen hierfür noch das Egede-Haus und die Egede-Kirche im historischen Stadtteil.

Hierfür überquere ich allerdings erst einmal den Stadtfelsen mit der Innenstadt. Schnell ins Auge fällt dabei ein riesiges, geschwungenes Gebäude, das Katuaq,

Historisches Nuuk

Nuuks Kulturzentrum mit täglichem Veranstaltungsangebot. Ein kleiner Umweg lohnt auch Richtung Rathaus oder zum relativ unscheinbaren Parlamentsgebäude. Nicht auslassen sollte man den Brædet/Fischmarkt. Alle Ziele sind in und um die Innenstadt herum leicht zu finden.

Doch nun hinunter, in den historischen Teil der Stadt, der auf der anderen Seite des Felsen liegt. Egal, in welche Richtung man zuerst blickt – die bunten Häuser, die Erlöserkirche von 1849, die Egede-Statue auf dem Felsen, sie alle sind unübersehbare Hingucker.

Im Zentrum des historischen Stadtsparziergangs steht aber in jedem Fall das grönländische Nationalmuseum, untergebracht in Lagerhäusern aus den 1920er-Jahren. Hier erfahre ich viel Wissenswertes über die Kulturentwicklung Grönlands, von der Thule-Kultur bis hin bis zur Kolonialzeit im 18./19. Jahrhundert. Als wichtigster Schatz des Museums gelten die rund 500 Jahre alten Mumien aus Qilakitsoq. In einer Felsengrotte sollen sie 1972 entdeckt worden sein. Insgesamt waren es acht Mumien, vier von ihnen sind zur öffentlichen Ausstellung wieder aufgearbeitet worden.

Kehren wir noch einmal zurück zu Nuuk als Boomtown. Wer die Ausmaße und das Tempo wirklich erfassen möchte, der setze sich in mindestens einen der Stadt-

Sisimiut

busse und durchfahre mit ihm einen oder mehrere Vororte. Hochhäuser prägen die Felsenoptik. Völlig neue Stadtteile sind entstanden und entstehen auch noch weiter. Gefällige Stadtplanung bleibt Geschmackssache. Woher rührt dieser Boom? Amtliche wie private Informationen lassen verlauten, dass auf der einen Seite die „Landflucht“ aus den entlegenen Gebieten ein Faktor dafür ist. Auf der anderen Seite, statt Hoch- jetzt Reihenhäuser, strebt der Grönländer immer stärker nach Eigentum. Bei dem für eine Bebauung verwendbaren Grundstücksangebot kann man sich die damit einhergehenden Probleme und Preise lebhaft vorstellen.

Nuuk hat eine Reihe schöner Ecken. Auf den zweiten Blick findet man sie bestimmt. Aber ich habe ja den ganzen Tag Landgang.

Schon als großer Ort gilt der nächste Stopp am folgenden Morgen um 7 Uhr, die Stadt Maniitsoq. Sie ist auf mehreren Inseln erbaut. Um in die City für die 2600 Einwohner starke Stadt zu gelangen, muss man erst einmal eine Brücke und einen Damm überqueren, denn der Hafen liegt außerhalb auf einer anderen Insel. Die meisten Häuser sind von den Straßen aus nur über lange Treppen zu erreichen. „Stadt der

Treppen“ wird der Inselort deshalb auch genannt. Ein kleines historisches Viertel mit einigen Häusern und Friedhof, schon kann man sich wieder auf den Heimweg zum Schiff machen. Als Rückweg wähle ich die Straße durch den Bergtunnel, der die Stadtteile voneinander trennt. Maniitsoqs Stadtrundgang ist gerade genug für eine Stunde Landgang.

Nicht lange dauert es bis zum nächsten Anlegen in Kangaamiut mit seinen 200 Einwohnern. Das kleine Boot wird wieder zu Wasser gelassen. Die Meeresenge zwischen dem Ort und der vorgelagerten kleinen Insel lässt eine Einfahrt unseres Schiffes nicht zu.

Ohne Schild oder besonderen optischen Hinweis passieren wir während der Fahrt den nördlichen Polarkreis. Der Kapitän sagt es an. Eine ebenfalls mitreisende Gruppe feiert die Polarkreistaufe, den Eintritt in das „Reich der Mitternachtssonne“, auf dem obersten Deck, handfest mit Champagner, grönländischen Fischsorten und frischem Gemüse sowie symbolisch durch den Polarkreis-Jump. Nun wird die Sonne auch des Nachts zwischen dem 5. Juni und dem 26. Juli nicht mehr hinter dem Horizont verschwinden.

Gegen Abend wird ein drittes Mal an diesem Tag angelegt, in Sisimiut, mit rund 6000 Einwohnern Grönlands zweitgrößter Stadt. Auch hier treten die Probleme einer Boomtown deutlich zutage. Wer Historisches sucht, begebe sich ins Kolonialviertel mit Museum und Berthel-Kirche. Dazu schlendere ich bei zwei Stunden Erkundungszeit einfach die Straße vom Hafen empor. Schon erblicke ich das Stadtviertel rechts oben auf dem Felsen.

Ansonsten präsentiert sich die Stadt modern. Manch einer redet von „Kulturschock“. Auf einer breiten Rundstraße kann man die City umkreisen, vorbei an Supermärkten, einem Stadtsee mit Wasserfontäne und dem Rathaus. Sisimiut gilt als Wirtschaftszentrum Grönlands. Als Standort eines von drei Gymnasien in ganz Grönland, genießt der Ort auch einen bildungsmäßig besonderen Ruf. Und ab hier sind auch Hundeschlitten als Verkehrsmittel erlaubt. Im Winter genießen sie sogar Vorfahrt. Die am Wegesrand liegende Schlittenhundefarm stimmt darauf ein.

Der letzte Tag der Süd-Nord-Passage bricht an mit einem morgendlichen Kurzbesuch in Aasiaat (3100 Einwohner). Gleichfalls modern, wie aus dem Boden gestampft, gibt sich die Neustadt mit der Kirche. Ein Votivschiff in dieser Kirche erinnert an die große, grönländische Tradition des Walfangs. Schnell hat man das kleine histo-

Entlang der grönländischen Binneneiskante

rische Zentrum mit seinen Kolonialhäusern und dem Museum durchschritten. Das Schiffshorn bläst bereits nach 30 Minuten zur Weiterfahrt auf die letzte Etappe. Hierfür überqueren wir die Diskobucht mit seinen Eisbergen bis hinauf nach Ilulissat, der fünftgrößten Stadt des Landes, am Meereszugang des Kangia-Eisfjords.

Umringt von Eisbergen

Nicht erst beim Einlaufen in den Hafen frage ich mich, warum mir der Ortsname Ilulissat so bekannt vorkommt. Bestimmt liegt es nicht an der deutschen Bedeutung des Stadtnamens: Ilulissat gleich Eisberg. Eher: 2007, Weltklimagipfel in diesem Ort, in dieser Region. Vor der gigantischen Kulisse der Gletscher posieren Staatschefs aus aller Herren Länder für Fotos. Klimawandel galt als Hauptthema, das immer stärkere Abschmelzen des „ewigen" Eises.

Ziemlich am nördlichen Ende der Diskobucht bzw. am südlichen Ufer der Halbinsel Paakitsup Nunaa gelegen, bilden der Eisfjord Kangia auf der einen Seite, der Eqi-Gletscher am nördlichen Ende des Fjordes Paakitsoq/Paakitsup Ilorlia seine natürlichen Grenzen. Die auf den Nordatlantik hinaus treibenden Eisberge schließen den „eisigen Ring" um die Stadt.

Der o. g. Weltklimagipfel zeitigt einen wahrhaftig nachhaltigen Effekt. Der Ort ist aus seinem Dornröschenschlaf erwacht und zur touristischen Boomtown geworden. Um in den mir verbleibenden Grönlandtagen möglichst viel von der

Zionskirche von Ilulissat in der Mtternachtssonne

„Magnetwirkung auf Gäste aus der ganzen Welt“ zu erleben, gehe ich bildhaft vor, als ob ein Stein ins Wasser plumpst. Von den daraus entstehenden Wellenbewegungen taste ich mich von innen nach außen vor.

Somit beginne ich mit dem kleinsten Innenkreis, einem Stadtrundgang. Bei 4500 geschäftig wirkenden Einwohnern und 1800 angeketteten, vor sich hin dösenden Schlittenhunden lässt sich solch eine Erkundungstour gut zu Fuß unternehmen. So hat eben jeder seine Saison. Nicht ungewöhnlich sind die nächtlichen Konzerte dieses immensen Hundeorchesters. Jack Londons „Wolfsblut“ lässt grüßen.

Das Ortszentrum besteht lediglich aus einer rund 500 Meter langen Teerstraße zwischen Touristeninformation und zwei Supermärkten. Schnell ist das ganz auf Reisende ausgerichtete Angebot an Waren und Aktivitäten zu bemerken, von Souvenir Shops über Tourveranstalter aller Art bis hin zu den Restaurants. Gleichfalls bei den Unterkünften entfaltet sich eine große Palette an Möglichkeiten: Luxus, Standard, Hostel, Jugendherberge. Reger Autoverkehr prägt das Straßenbild, obwohl, wie bereits einmal geschildert, jede Straße am Ortsschild endet. Auf den umliegenden Hügeln, mal in Wohnblöcken, mal in Einzel- oder Reihenhäusern, wird einheimisch gewohnt. Der Tourismus hat sich, so die Auskunft im Touristenbüro, neben der Fischindustrie zu einem wichtigen Arbeitgeber entwickelt, besonders seitdem auch Kreuzfahrtschiffe hier ankern und der Flughafen modernisiert wurde.

Mein Weg führt mich zunächst hinunter zum Hafen mit den Trawlern und der Fischfabrik. Die einzige Zufahrt ist voll gestellt mit Containern aller Art, sodass die Kraftfahrzeuge kaum noch hindurch gelangen. Der Lärm und Geruch der Fischfabrik wird in Erinnerung bleiben.

Vom Hafen gehe ich ein kleines Stück die Zufahrtsstraße bergan bis zum eher unscheinbaren Rathaus. Hier werden nicht nur die städtischen Belange behandelt, sondern auch die des gesamten Distrikts Avaanata Kommunia mit einer Bevölkerung von etwa 10.600 Einwohnern auf einer Fläche von 522.700 Quadratkilometern (zum Vergleich: Deutschland hat knapp 360.000 Quadratkilometer).

Auf dem weiteren Rundgang werfe ich noch einen Blick in den geschäftigen Brædet/Fischmarkt. Warum nicht einmal ein Stück Mattak/Walhaut probieren? Und schon bald stehe ich anschließend am Kunstmuseum mit seinen Ausstellungen lokaler, aber auch internationaler Künstler (in der Nähe der Touristeninformation).

Die eigentlichen Schätze der Stadt entdecke ich jedoch eher außerhalb des Zentrums im nordwestlichen Teil. Zum einen sind das die schwarze Zionskirche von 1779 sowie die alte Kirche aus dem Dorf Qullissat. Nur wenige hundert Meter davon entfernt lädt das Ilulissat Museum zum Besuch ein. Untergebracht ist es in einer ehemaligen Pastorenwohnung, in der auch der wohl bekannteste Sohn der Stadt geboren wurde, Knud Rasmussen (1879 bis 1933, grönländisch-dänischer Polarforscher, Ethnologe und Buchautor).

Von den Innen- zu den Außenschätzen führen mich die Straßen, Wege und unzähligen Treppen immer wieder an die Felsenküste und hinauf auf die steinernen Plateauhügel. Jeder Auf- und Abstieg ist wegen der unbeschreiblichen Aussicht auf die treibenden Eiskolosse der Mühe wert. Einen derartigen Rundgang beschränke ich nicht auf die Tageszeiten. Bei klarem Himmel und lediglich sechs Grad erfreue ich mich zusätzlich an der Mitternachtssonne und den sich daraus ergebenden effektvollen Sonnenstrahlspielen. Rund einen optischen Meter bleibt der Himmelskörper um Mitternacht über den Wassern und Eisriesen der nördlichen Diskobucht hängen, strahlt dabei mit seinem matten Schein die aus dem Eisfjord Kangia hervorquellenden Gletscherkälber an, überstrahlt die vielfarbigen Häuser an den Hügelhängen – ein schon fast mystisches Schauspiel.

Punkt Mitternacht in Ilulissat

Eisbergstau

Als zweiten Ring wähle ich zwei Wanderungen, wobei die Anzahl der Wandermöglichkeiten an diesem Weltkulturerbe recht vielfältig ist. Meine erste führt mich entlang des Eisfjordes Kangia. Einen Holzsteg entlang kann man sich streckenmäßig begrenzen bis zur historischen Siedlung Sermermiut (ca. 1,3 Kilometer einfache Strecke), vorbei an einem typisch grönländischen Friedhof mit weißen Holzkreuzen und bunten Plastikblumen. Frische Blumen, die alle importiert werden müssen und somit sehr teuer sind, werden als Grabschmuck so gut wie vermieden. An der Ausgrabungsstätte selbst, einer ehemaligen Inuitsiedlung (ca. 2000 v. Chr.) aus der Saqqaq-Kultur schaue ich intensiver hin, um noch die Überreste zu entdecken, wie zum Beispiel die Grundmauern eines Winterhauses. Sie sind mehr zu erahnen als zu sehen.

Für meine gesamte Wanderung allerdings wähle ich den rund sieben Kilometer langen Rundweg mit unbeschreiblichem Blick auf den von Packeis und Eisbergen bedeckten Fjord. Der am Ende des Fjords (40 Kilometer lang, bis zu sieben Kilometer breit) kalbende Gletscher Sermeq Kujalleq gilt als einer der aktivsten der nördlichen Erdhalbkugel. Seine Gletscherzunge befindet sich noch im rund 1200 Meter tiefen Fjordwasser. An der Fjordmündung beträgt die Wassertiefe jedoch nur noch 200 Meter. Hieraus ergibt sich der sogenannte „Gletscherstau“ mitsamt Packeis. Oftmals haben die „Gletscherkälber“ direkt an der Eiskante eine Höhe von mehr als 100 Meter über dem Wasserspiegel. Bekanntlich befinden sich 60 bis 90 Prozent eines Gletschers unter Wasser, d. h. 600 bis 900 Meter. Somit kann der Eisberg am Fjordende (wie gesagt, nur 200 Meter Wassertiefe) nicht ins offene Meer hinaus treiben. Es bildet sich der „Eisbergstau“. Dieses einmalige Naturschauspiel macht die Wanderung einzigartig. Die Eisberggipfel überragen oftmals die Felsrücken. Wie lange dieses Schauspiel noch anhalten wird? Wissenschaftler sagen ihr mittelfristiges Ende voraus. Denn der Gletscher zieht sich schneller zurück als berechnet, seine Gletscherzunge wird also bald auf dem Land enden, nicht mehr im Wasser. Somit wird der Kalbungsprozess auch nur noch kleinere Eisberge ohne Unterwasserdimension hervorbringen können, die mühelos in den offenen Nordatlantik treiben.

Der mit blauen Punkten oder angemalten Steinen markierte Wanderweg führt dicht am Fjordrand entlang. Somit genieße ich das Eisfjorderlebnis unmittelbar. Sieben Kilometer klingen nach Kurzstrecke. Die angegebene Wanderzeit von fünf bis sechs Stunden hält sich gleichfalls sehr in Grenzen. Doch die Strecke ist nicht zu unter-, sowie der eigene Fitnessgrad nicht zu überschätzen. Die Wanderung gestaltet sich eher als Klettertour über Felsrücken, Geröllhalden oder durch Schluchten denn als leicht begehbare Route. Festes Schuhwerk ist Grundvoraussetzung hierfür, wind- und wetterfeste, wärmende Kleidung ebenfalls. Selbst wenn die Sonne kräftig scheint, in unmittelbarer Nähe des Eises kann es sich schon mal bitterkalt anfühlen. Bei Regen oder Nebel sollte die Tour gemieden werden. Einerseits werden nasse Felsen bekanntlich sehr glitschig, andererseits riskiert man dann, die nicht immer leicht zu entdeckenden Wegmarkierungen zu verfehlen, von dem stark eingeschränkten Aussichtsgenuss auf den Eisfjord ganz zu schweigen.

Ernst zu nehmen sind auch die Hinweisschilder auf Gefahren. Zunächst reibt man sich die Augen, wenn man liest „Tsunamigefahr“. Die fachkundige Erläuterung lässt es plausibel werden. Sich drehende Eisberge erzeugen eine derartige Wellenbewegung unter Wasser, die einem Tsunami gleich kommt. Das gilt nicht nur für diesen engen Fjord hier, sondern auch für die etwas abseits liegenden Gletscher. Wann sich einer dieser Riesengletscher dreht, bleibt sein Geheimnis, für den Laien sowieso. Deshalb ist auch so manche frühere Inuitsiedlung, die zu dicht am Wasser stand, ausgelöscht worden.

Rund drei Kilometer kraxele ich durch die gebirgige Landschaft, immer wieder über Felsplateaus, dann auf Weidewiesen hinab in kleine Buchten, die Eispracht stets zum Greifen nahe. Wer könnte sich an einem solchen Naturschmuckstück schon sattsehen!

An der Mündung eines vernehmlichen Baches, am Rande einer kleinen Bay, biegt der Weg ab ins Binnenland. Er folgt nun diesem Bachverlauf hinauf bis zur Aussicht auf einen idyllischen Bergsee. Probieren Sie unterwegs ruhig und bedenkenlos einmal das frische, kühle Gletscherwasser des Baches. Köstlich! Beim Kauf in Flaschen müssen Sie viel Geld dafür opfern, hier werden Sie damit gratis versorgt. Freaks nehmen deshalb eigens auch gern einmal einen Schluck Whisky mit auf die Tour, um ihn unterwegs mit Gletscher(eis)wasser zu goutieren.

An einer Schlucht biegt der Weg ein weiteres Mal ab, eigentlich schon wieder Richtung Stadt. Allerdings beginnt hier ein nicht unerheblich schwieriger Teil der Wanderung. Der Klettersteig führt nämlich tief hinab in die mit Felssteinen und Geröll bestückte Schlucht, um dann gleich mehr oder minder steil einen weiteren Gipfel anzustreben. Altweiberschlucht wird sie genannt. Der Name rührt aus der tieferen Vergangenheit her, als Grönland noch von vielen Hungersnöten geplagt wurde. Wie es heißt, haben sich die „Alten Weiber" in jenen Epochen von den rund 30 Meter hohen Felswänden gestürzt. Mit ihrem Freitod und somit weniger Essern wollten sie den jüngeren Generationen ein wahrscheinlicheres Überleben sichern. Da kann einem schon schaurig werden, wenn man durch diesen canyonartigen Graben hindurch klettert. Oben angelangt, bietet sich eine weitere wunderschöne Sicht – die soeben erklommene Schlucht hinab bis zum Bergsee. Genau gegenüber flimmern dann bereits wieder die Eisberge in der Diskobucht. Also ein weiteres Mal hinab geklettert bis zum ehemaligen Steinbruch, wo die Wanderung auch offiziell endet. Bis in die City verbleiben dann noch einmal rund 1,5 Kilometer.

Aus den angegeben Wanderzeiten sind bei mir gut sieben Stunden geworden. Die Naturbetrachtungen haben mich einfach immer wieder überwältigt und zum Verharren (und natürlich auch Fotografieren) an zahlreichen markanten Aussichtspunkten verleitet. Ohne diese Wanderung wäre mein Aufenthalt in Ilulissat sicherlich nur der halbe Gewinn (gibt es auch als geführte Tour u. a. bei „World of Greenland"/Touristeninfomation).

Meine zweite, ortsnahe Wanderung führt mich zwar auch wieder zum Eisfjord, doch auf anderer Strecke. Sie ist kürzer und auch weniger anstrengend. Ausgewiesen für den Rundweg sind knapp drei Kilometer, von und bis zur Innenstadt erhöht sich die Gesamtstrecke auf rund fünf Kilometer. Der offizielle Startpunkt befindet sich beim E-Werk. Um dorthin zu gelangen, laufe ich auf der Teerstraße zunächst Richtung obere Supermärkte bis zur Post. Vor mir an der Küste ist der blau-weiße hohe Schornstein des E-Werkes nicht zu übersehen.

Schon weit vorher beginnen die eindrucksvollen Ausblicke auf die Diskobucht mit den schwimmenden Eisbergen. Schon geht es eine 130-Stufen-Holztreppe hinauf in die Gebirgslandschaft. Ab dort ist der Weg mit gelben Punkten markiert. Ich bin noch nicht am Eisfjord. Zu entdecken ist allerdings bereits, wie die riesigen Eisberge aus der Fjordmündung herausquellen, den „Eisbergstau" also überwunden haben.

Wie auch bereits bei der ersten Tour geht es querfeldein über die Felsen, Bergkuppen und durch die Täler. Aber dieses Mal hält sich die Schroffheit der Auf- und Abstiege doch sehr zurück, was dem ruhenden Blick auf die Naturschönheiten zugutekommt. Nach rund einer Stunde stehe ich direkt am Kap der Fjordmündung, unmittelbar Auge in Auge mit den Eisgiganten. 300 Meter unter mir bricht allmählich das Packeis auf. Einzelne Eisschollen setzen sich gemächlich, so gut wie unsichtbar, in Bewegung. Erst nach einiger Zeit bemerkt man, dass sie sich ein winziges Stück von der Eiskante fortbewegt haben. Die Eiskathedralen ruhen weiterhin stoisch auf ihrem Platz. Deren Treibbewegungen sind auf einer einzigen Wanderung nicht wahrnehmbar. Einheimische berichten mir, dass man eventuell nach einer Woche winzige Standortveränderungen bemerkt. Denn an der Fjordmündung gibt es eben so gut wie keine Strömung, erst draußen auf dem Nordatlantik. Bewegung erfolgt hier so gut wie ausschließlich durch den Abschmelzprozess.

In der Altweiberschlucht am Kangia-Eisfjord

Binnenlandeiskante bei Ilulissat

Eher akustisch denn optisch sind die Eisbergaktivitäten zu verspüren. Das Geräusch einer brechenden Eisdecke hat sicherlich ein jeder von uns schon einmal gehört. Hier orchestriert sich eine bunte Klangfülle. Mal hört es sich an wie dumpfes Donnergrollen oder ferner Geschützlärm. Eine Tonlage höher knirscht und quietscht es wie Metall auf Metall. Der Pfiff einer Dampflokomotive oder das Zischen eines Ventils, wenn Luft entweicht, gehört genauso zum akustischen Repertoire wie das Aufprallgeräusch eines Gegenstandes auf eine Mauer. Der klangmäßigen Abwechslungen sind eigentlich keine Grenzen gesetzt. Und wer den Singsang der Wale kennt, der wird diesen auch hier erlauschen können.

Dabei muss es nicht ausschließlich beim Klangbild bleiben. An der Fjordmündung tummeln sich die Meeressäuger. Mit etwas Glück kann man sie auch vom Ufer aus sichten, oftmals dort, wo ein Schwarm Möwen umherfliegt. Denn die Wale wirbeln die Krillkolonien auf, sodass für alle genügend Futter erreichbar ist.

Nun, es lohnt schon, sich einfach einmal auf einem der Felsen niederzulassen und dem Leben in der Natur zu lauschen. Da diese Wandermöglichkeit nicht allzu stark frequentiert wird, umgibt mich nicht selten absolute Stille als die beste Voraussetzung einer auditiven Naturdurchdringung. Nach solchen mehrmaligen Wanderunterbrechungen hat mich die Stadt nach rund vier Stunden wieder.

Nach den Landausflügen geht es in einem dritten Ring in die Luft. Mit der Fluggesellschaft Air Zafari hebe ich in einem Sechssitzer vom Flugplatz in Ilulissat ab (Hubschrauber geht auch). Gut eine Stunde kreisen wir über dem Kangia-Eisfjord, von der Mündung bis zur Gletscherabbruchkante 40 Kilometer im Binnenland. Von oben aus gewinnt der „Eisbergstau“ noch ganz andere Dimensionen. Unser Pilot Hellmut lässt es an hilfreichen Informationen nicht mangeln. Über dem eigentlichen UNESCO-Weltkulturerbe, also über dem Fjord selbst, darf er aus Umweltschutzgründen nicht tiefer als 300 Meter fliegen. Außerhalb sinkt er schon mal auf 100 bis 150 Meter hinab.

Seine Flugschleife beginnt er über dem sogenannten Sermeq avangnardleq. Nimmt man den Namen wörtlich, so könnte er bedeuten „der Gletscher rächt sich“. Liegt vielleicht darin der Grund, dass der Gletscher nicht mehr kalbt, sodass von einem „toten“ Gletscher die Rede ist? Jedenfalls schwimmen auf diesem „Zubringerfjord“ zum eigentlichen Eisfjord keine oder nur wenige Eisschollen.

Wir beschränken uns nicht auf die Eiskante, sondern fliegen ein Stück hinein ins Festlandeis, landläufig auch „ewiges“ Eis genannt. Mit dem Begriff „ewig“ wird es bekanntlich in zunehmendem Maße problematisch. Die Eisschmelze schreitet zügiger voran als gedacht. Immer neue Rechenmodelle lassen die „eisfreie“ Periode in immer nähere Zukunft rücken, deren Auswirkungen heute zwar in den Anfängen, jedoch noch nicht wirklich absehbar sind. Es könnte der Zeitpunkt kommen, an dem der Terminus „ewig“ durch „temporär“ ersetzt wird.

Im Moment allerdings schaue ich nach unten auf die blauen Seen in den Gletscherspalten, auf die häufig grau-schmutzige Gletscheroberfläche, auf die markanten Land-Eis-Übergänge.

Hinüber geht es zum eigentlichen Kangia-Eisfjord mit seinem Gletscher Sermeq Kujalleq. Bei einer Breite von sieben Kilometern beträgt seine Fließgeschwindigkeit zwischen 20 und 30 Meter pro Tag. Das bedeutet eine Eismasse von rund 95.000 Kubikkilometer pro Tag. Wenn man bedenkt, dass der tägliche Wasserverbrauch von New York City bei fünf Milliarden Litern, d. h. 5000 Kubikkilometern liegt, so beläuft sich die Gletschereismenge auf fast das 20-fache.

Diese rege Gletscheraktivität führt dazu, dass der Fjord vollständig mit Eis und Eisbergen gefüllt ist. Zum Erreichen des meerseitigen Endes des Fjords benötigen die Eisberge rund 12 bis 15 Monate. Messungen sollen ergeben haben, dass sich der

Gletscher in den vergangenen 15 Jahren um zehn Kilometer zurückgezogen hat, bei gleichzeitiger Erhöhung der Fließgeschwindigkeit auf nunmehr rund 40 Meter pro Tag. Beim Fliegen direkt über dieser riesigen Gletscherkante können die tiefen Risse im Eis für den nächsten Kalbungsprozess genau erkannt werden – einfach nur höchst beeindruckend.

Wer authentisches Grönlandeis erleben möchte, hat mit solch einer Flugstunde die beste Gelegenheit dazu. Geflogen wird übrigens nur bei sicheren Wetterverhältnissen mit klarer Sicht.

Kommen wir zum imaginären vierten Erkundungsring, der mich nach Land und Luft nunmehr auf dem Wasser am weitesten von Ilulissat entfernt. Aus dem vielfältigen Angebot von „World of Greenland" wähle ich zunächst die ganztägige Bootstour hinaus zum Eqi-Gletscher. Hierfür durchfahren wir fast die gesamte Diskobucht gen Norden, hinein in den Ata Sund, wo wir nach gut dreistündiger Fahrt und rund 80 Kilometern nördlich vom Startpunkt am Ziel ankommen.

Dieser Gletscher gehört mit zu den erlesensten Naturschönheiten, die Grönland zu bieten hat. Das Besondere an dieser Tour ist, dass man ganz dicht an

Eqi-Gletscher

Eqi-Gletscher – Gletscherkalb

die Gletscherkante heranfährt. Da Eqi aktiv kalbt, erlebe ich immer wieder den Abbruch größerer und kleinerer Eisstücke. Unser Boot kreuzt dabei recht dicht an dem Gletscher. Rund 90 Minuten kann ich von Bord aus dieses Schauspiel im hin und her pendelnden Schiff erleben. Anhalten wäre wegen der Eismassen, die sich um das Boot herum sammeln, zu gefährlich. Der Kapitän hält sich durch ständige Bewegung so immer seine Fahrrinne frei.

Richtig winzig komme ich mir vor angesichts der sich vor mir auftürmenden mitunter 200 Meter hohen Gletschermassen. Kleinere, bereits schwimmende Eisberge ähneln von weitem „Igeln". Aus der Nähe erkenne ich, dass sie von Wasservögeln systematisch besetzt sind, die in Schwärmen auffliegen, einmal an der Eiskante entlang schwirren, um sich daraufhin gleich wieder auf „ihrer Scholle" niederzulassen. Die Spannung darauf, wann das nächste große Eiskalb ins Wasser stürzen wird, ist mit den Händen zu greifen. Nun, an diesem Tag bleibt die Natur eher zurückhaltend. Kleinere Stücke brechen hin und wieder ab. Ein großer Eisgigant, eventuell in der Größe wie bei der „Titanic"-Katastrophe bleibt aus. Macht nichts! Die Tour ist in jedem Fall ein Erlebnis wert.

Das hängt sicherlich auch mit der beispielhaften Organisation und Betreuung während der Fahrt zusammen. Freundliche und gut informierte Guides stehen die gesamte Zeit über ansprechbereit zur Verfügung. Im Laufe des Tages werden Frühstück, Lunch und nachmittags Kuchen serviert (Selbstbedienung). Kaffee und Tee stehen jederzeit bereit.

Wer mehr Reisezeit investieren möchte oder kann, dem empfehle ich einen mehrtägigen Aufenthalt in der Eqi Logde, entweder im Zelt oder in Holzhütten. Auf einem Felsplateau stehen die Unterkünfte genau gegenüber dem Gletscher bei freiem Blick auf das Eis. Mit (geführten) Wanderungen am und auf das Gletschereis wartet es sich leichter bis zum nächsten Eiskantenabbruch. Als Veranstalter zeichnet auch hier die „World of Greenland". Da diese ausgezeichnete und beliebte Tour mit und ohne Übernachtung in der Sommersaison oft ausgebucht ist, rate ich zu frühzeitiger Reservierung.

Genießen wir zum krönenden Abschluss die Eisgiganten noch einmal aus der „Hundeperspektive" während einer gut zweistündigen Bootstour an der Mündung des Eisfjords. Betrachtet von fast Meeresspiegelhöhe aus, wirken sie noch

Mitternacht im Eisbergstau

gigantischer als sonst. In rund 100 Metern Höhe entdecke ich dann die Spitze des Eisberges. Nicht auszudenken, was sich noch alles unter Wasser verbirgt.

Für dieses einzigartige Erlebnis fährt das Boot mitten in den bereits erwähnten „Eisbergstau“. Wie in engen Gassen tasten wir uns vor. Dort, wo die Eisschluchten sich zu einem See ausweiten, taucht auch schon mal ein Wal auf, auch in der hellen Sommernacht. So umkreisen wir die Eiskolosse mehr als eine Stunde lang. Hinter jeder Ecke, am Ende eines jeden Eiskanals sieht es anders aus. Man muss sich schon gut auskennen in diesem Gewirr der Durchlässe und die Strömungsrichtungen perfekt beherrschen. Sonst steht man schnell mal in einer Sackgasse. Auch diese Fahrt mit „World of Greenland“ möchte ich sehr empfehlen. Es rundet die Erlebniswelt „Eisberg“ perfekt ab.

Diese Nachtfahrt wird wegen der Mitternachtssonne im Sommer zwischen 22 Uhr und 1 Uhr unternommen. Der Himmelskörper meinte jedoch, an dieser Fahrt nicht teilnehmen zu müssen. Stattdessen schickte er seine Widersacher, den Regen und den eisigen Nebel. Schnell bin ich eingehüllt in diese grau-feuchte Suppe, was dem Eisbergabenteuer aber keinen Abbruch tut. Statt strahlendem, widerspiegelndem Mitternachtseis zeigen sich dunstige, unheimliche Gebilde. Schwer einschätzbar hinsichtlich der Entfernung, unklar in den Konturen bleiben sie. Irgendwie stellt sich dabei eine gewisse „Titanic-Atmosphäre“ ein. Denn der Unglückseisberg soll seinerzeit aus diesem Fjord gekommen sein.

Mein Grönlandaufenthalt endet hier. Zurück geht es per Flugzeug nach Reykjavík. Fazit dieses Trips: Unvergesslich: Sollte man sich gönnen, solange noch „ewiges“ Eis, Gletscher und Eisberge unsere Erde bevölkern.

Was bleibt? – Fazit

Das Spektrum von „Einsichten" hat sich erheblich erweitert. Der „raue Norden" erscheint mir ein weiteres Mal etwas schmiegsamer, milder. Der eigene Anpassungsgrad hat sich offensichtlich erhöht.

Das Entzücken über die urwüchsige, mitunter einsame Natur gesellt sich zur Einsicht, dass besonders Islands Südküste fest in den Griff der Tourismusindustrie geraten ist. Schlichtweg „voll" ist es dort geworden! Für die Färöer Inseln gilt dieser Eindruck in diesem Ausmaß nicht. Grönland war mir bis dato aus eigener Anschauung unbekannt. Besonders in Ilulissat war ich aber über die Anzahl der Touristen recht erstaunt.

Touristenandrang am Gullfoss

Der wachsende Tourismus zeigt aber auch positive Entwicklungen. Die Infrastruktur für Reisende hat sich erheblich verbessert. Das gilt insbesondere für die erwähnten Straßenzustände, Versorgungsmöglichkeiten aller Art, Exkursionsangebote und Besichtigungsverlockungen. Als Wohnmobilist möchte ich ähnlich Reisenden

Typische Isländer

die „Icelandic Camping Card“ ans Herz legen. Für die Färöer gibt es auf Nachfrage ein identisches Angebot (noch) nicht.

Nach wie vor bin ich fast ausnahmslos freundlichen, aufgeschlossenen und hilfsbereiten Gastgebern sowie Einheimischen begegnet. Durch viele Gespräche mit ihnen durfte ich teilweise „tiefere Einsichten“ in ihre Lebensformen gewinnen.

Die magnetische Anziehungskraft dieser nordischen Inselwelt hat sich in mir nicht abgeschwächt. Eher hat sie noch hinzugewonnen als Impuls für weitere Reisen in diese nordische Inselwelt.

Danke

Es ist an der Zeit, all denen herzlich zu danken, die dieses Projekt nicht zuletzt durch ihre Großzügigkeit unterstützt haben, sei es durch freien Eintritt zu Sehenswürdigkeiten, durch reduzierte Entgelte oder gar Freifahrten für Exkursionen oder, oder, oder ... Diese materielle und immaterielle Unterstützung hat erheblich zum Erfolg der Tour beigetragen. Herzlichen Dank dafür.

In der Chronologie der Tourabschnitte seien hier im Einzelnen genannt:

ISLAND

Seyðisfjörður: Technikmuseum	tekmus.is
Egst: Skriduklaustur	skriduklaustur.is/is
Óbyggðasetur: Wilderness Center	Wilderness.is
Eskifjorður: Fischereimuseum	icelandicinfo.is/listing/maritime-museum-eskifjordur
Neskaupstaður: Heimatmuseum	visitfjardabyggd.is/menning-og-afthreying/sofn/safn/
Reyðarfjörður: Militärmuseum	visitfjardabyggd.is/menning-og-afthreying/sofn/safn/islenska-stridsarasafnid1
Fáskrúðsfjörður: Museum der Franzosen	expedia.de/Museum-Der-Franzosen-In-Island-Fjardabyggd.d6102234.POI
Stödvarfjörður: Kunsthandwerkerhaus	https://www.afar.com/places/salthussmarkadur-art-and-craft-market-stodvarfjordur
Djúpivogur: Langabúð	sagatrail.is/en/museums/langabud
Hali: Þrobergur Þorðarson Museum	hali.is/visit-to-hali/museum-exhibition
Jökulsarlón: Amphibien-Bootstour	icelagoon.is
Ingólfshöfði: Papageientaucher Traktortour	fromcoasttomountains.com
Vík í Mýrdal : Drachen- Eishöhlen-Tour	troll.is
Vík í Mýrdal : Lava Show	icelandiclavashow.com

Skógar : Heimat & Technik Museum	skogasafn.is
Hvolsvöllur: Lavazentrum	lavacentre.is
Heimaey: Sealife Trust	belugasanctuary.sealifetrust.org/en
Heimaey: Eldhamar Museum	eldheimar.is/de
Hella: Tagestouren nach Þórs-mörk und Landmannalaugar	Sternatravel.com
Sellfoss: Bobby Fisher Center	fischersetur.is/index.cfm?lang=en&page=pages/start_en3
Stokkseyri: Ghost Centre	icelandicwonders.is/icelandic-ghost
Hveragerði: Thermalpark	hveragerdi.is/English
Hveragerði: Gestüt Eldhestar	eldhestar.is
Skálholt: Bis:chofskathedrale	skalholt.is
Kerið: Vulkankrater	guidetoiceland.is/travel-iceland/drive/kerid
Keflavík: Duus Safnahús	sofn.reykjanesbaer.is
Keflavík: Welt der Wikinger	vikingworld.is
Hafnarfjörður: Gestüt Ishestar	shestar.is/de
Reykjavík: City Card	visitreykjavik.is
Reykjavík: Hallgrims Kirche	nat.is
Reykjavík: Phallusmuseum	phallus.is/de
Reykjavík: Landnahmemuseum	borgarsogusafn.is
Reykjavík: Perlan Museum	perlan.is
Reykjavík: Vulkantour	insidethevolcano.com
Hvalfjörður: War & Peace Museum	warandpeace.is
Borgarnes: Settlement Centre	landnam.is
Borgarnes: Heimatmuseum	west.is/services/borganes
Stóri Kambur: Gletschertour	theglacier.is
Grundarfjörður: Sagamuseum	west.is/services/grundarfjördur
Stykkishólmur: Vulcano Museum	eldfjallasafn.is

Stykkishólmur: Library of Water	west.is/en/inspiration/services/library-of-water
Reykholt: Snorrastofa	snorrastofa.is thecave.is
Hólmavík: Hexereimuseum	http://galdrasyning.is
Súðavík: Polarfuchs Centre	melrakki.is
Ísafjörður: Westfjordmuseum	nedsti.is
Hvammstangi: Robbenzentrum	selasetur.is
Skagaströnd: Museum für Weissagungen	sagatrail.is/en
Hofsós : Zentrum für Auswanderung	hofsos.is
Siglufjörður: Heringsmuseum	sild.is
Siglufjörður: Zentrum für Volksmusik	folkmusik.is/en
Dalvík: Heimatmuseum	dalvikurbyggd.is/hvoll
Akureyri: Museum Into the Arctic	visitakureyri.is
Akureyri: Heimatmuseum	minjasafnid.is
Akureyri: Nonnis Haus	stefna.is
Reykjahlíð/Mývatn: Askja Tour	myvatntours.is
Húsavík: Museum der Erkundungen	explorationmuseum.com
Húsavík: Whale Centre	hvalasafn.is
Húsavík: Whale Watching Tour	northsailing.is
Kopásker: Erdbeben-Zentrum	northiceland.is/en/what-to-see-do/service/the-earth-quake-center
Raufarhöfn: Arctic Henge	northiceland.is/en/places/nature/arctic-henge
Vopnafjörður: Torfhof Bustarfell	deacademic.com/dic.nsf/dewiki/1403354

FÄRÖER

Kirkjubøur: Roykstovan	patursson.fo
Vestamanna: Saga Museum	visit-vestmanna.com/ven/sagamuseum
Vestamanna: Bootstour	visit-vestmanna.com/ven/tours
Norðragøta: Blasastova	blasastova.fo
Mykines: Bootstour	mykines.fo

GRÖNLAND

Narsarsuaq: Museum	narsarsuaqmuseum.gl
Narsaq: Museumsszene	visitgreenland.com/de/destinationen/narsaq
Narsaq: Hendrik Lund Haus	narsaqmuseum.simplesite.com
Nuuk: Nationalmuseum	visitgreenland.com/de/anbieter/groenlands-nationalmuseum
Ilulissat: Museum	expedia.de/Knud-Rasmussen-Museum-Ilulissat
Ilulissat: World of Greenland	worldofgreenland.com
Ilulissat: Air Zafari	airzafari.com

Ein besonderer Dank gilt Frau Heike Lerch-Jankovicz für das unermüdliche Korrekturlesen und die Überlassung von Fotos, die sie während ihrer temporären Reisebegleitung „vor Ort“ gemacht hat.

Wolf Leichsenring – Autorenporträt

„Die Welt ist ein Buch. Und wer zu Hause bleibt, liest nur eine Seite darin“, lautet ein Spruch des weltoffenen Heiligen Augustinus (354 bis 430). Wolf Leichsenring ist lesefreudig. Mit einer einzigen Buchseite hat er sich noch nie zufrieden gegeben.

Wohnmobilist seit nunmehr fast 40 Jahren – und somit völlig „hoteluntauglich“, blättert er stetig im „Reisebuch der Welt“ und hat sich darin bereits recht vielfältige Kapitel erarbeitet. Er reist überall dorthin, wohin das Wohnmobil ihn führt. Dabei scheut er nicht davor zurück, sein „WoMo“ auch einmal für eine längere Schifffahrt verladen zu lassen, zum Beispiel nach Nordamerika oder auch nach Neuseeland und Australien.

Seitdem er seinem früheren beruflichen Pfad (Lehrtätigkeit) den Rücken gekehrt hat, stehen Langzeitreisen auch in entlegenere Ecken unseres Erdballs auf dem Programm. Mit der Zeit würden sicherlich viele der gewonnenen Impressionen im Nebel der Erinnerungen verblassen oder gar gänzlich verschwinden. Um dem vorzubeugen, werden Berge von Fotos geschossen und regelmäßig Reiseberichte geschrieben. Damit nicht genug!

Als anerkannter Reisejournalist berichtet er auf Anfragen von Zeitungen und Buchverlagen regelmäßig „live von unterwegs“. Blogs, nicht nur auf der eigenen Website (wolfleichsenringtravels.com), ergänzen diese Schreibtätigkeit. Somit erscheint es nur konsequent, dass derartige Aktivitäten schließlich in der Publikation mehrerer Bücher münden mit den Themenschwerpunkten Nordamerika, Marokko, Neuseeland und Australien, aber auch Schleswig-Holstein.

Als gefragter Dozent informiert er in Form von Diavorträgen über seine Touren, wobei die Zuhörerschaft sich entweder den eigenen Erinnerungen hingeben, auch einmal neue Pläne schmieden, ihren Wissensdurst stillen oder sich einfach in Träumereien fallen lassen kann.

Und so arbeitet sich dieser neugierige, vom Fernweh heimgesuchte Globetrotter durch das „dicke Buch des Globus“. Im vorliegenden Band hat der Weltenbummler nunmehr einige „nordische“ Buchseiten aufgeschlagen, nämlich die über Island, die Färöer sowie Grönland.
wolfleichsenringtravels.com

Wolf Leichsenring

5 Jahreszeiten Nordamerika

Auf 50.000 Kilometern bereisen Wolf und Gabriele Leichsenring Kanada und die USA, ziehen mit ihrem Wohnmobil ihre Route vom Winter in Neufundland zum Frühling an den Großen Seen, dem Sommer am Mississippi über die Herbstfarben des Indian Summer ins vorweihnachtliche New York.

Wolf Leichsenring, 192 Seiten inkl. Farbbilder & Karte, Format 14 x 20 cm, ISBN 978-3-944365-49-7

Online bestellen unter: www.360grad-medienshop.de

Die Suche nach dem Paradies

Mit ihrem Wohnmobil reisen Wolf und Gabriele 12.000 Kilometer durch Neuseeland. Ihre Reise führt sie von Auckland über weite Teile der Nordinsel, bis an Neuseelands Nordkap. Sie besichtigen Wellington und reisen weiter auf die Südinsel. Es ist nicht ihre erste Tour, die sie so erleben, aber dieses Mal finden sie ihr persönliches Paradies.

Wolf Leichsenring, 168 Seiten inkl. Farbbilder & Karte, Format 14 x 20 cm,
ISBN 978-3-942617-00-0

Online bestellen unter: www.360grad-medienshop.de

Obenauf in Down Under

Mit ihrem Wohnmobil fahren Wolf und Gabriele Leichsenring 60.000 Kilometer über den australischen Kontinent. Sie bereisen dabei die Küstenregion, begeben sich aber auch tief in das Outback hinein. Auf diese Weise lernen sie alle Gesichter des Landes kennen und lieben.

Wolf Leichsenring, 310 Seiten inkl. Farbbilder & Karte, Format 14 x 20 cm, 978-3-942617-17-8

Online bestellen unter: www.360grad-medienshop.de

lehmanns media